KB272776

E-COMMERCE

E-TRADE를 위한

전자결제론

E-COMMERCE

E-TRADE를 위한

전자결제론

배상목 · 전용식 공저

머리말

전자상거래는 범세계적으로 경제, 시장, 산업구조, 상품과 서비스 및 그 유통소비층의 세분화, 소비자의 가치관, 소비행위, 직업과 시장에 큰 변화와 충격을 불러오고 있다. 그러나 전자상거래가 가져온 더 큰 충격은 사회와 정치 그리고 무엇보다 우리가 세상을 보는 관점 그리고 세상 속에 살아가는 우리 자신을 보는 관점에 충격을 줄지도 모른다고 드러커는 말했다.

이렇듯 급변하는 인터넷 세상에서 전자결제론을 쓴다는 것이 얼마나 어려운 일인가를 집필 내내 느껴 왔다. 어떻게 하면 가장 알기 쉽고 체계적인 교재를 엮어 낼 수 있을 것인가를 고심하면서 대학원 시절 수업교재와 강의 노트를 바탕으로 현실에 맞게 보완하기를 수십 차례 하였다.

이 책의 내용은 5개의 장으로 나누어져 있다. 제1장 '전자상거래란 무엇인가'는 3개의 절로 구성되어 있는데, 기초적인 전자상거래의 개념과 특징, 유형별 특징 등에 대해서 설명하고, 또 2008년도 우리나라의 전자상거래 동향을 서술한다. 제2장 'e - 커머스 결제시스템이란 무엇인가'는 2개의 절로 구성되어 있는데, e - 커머스를 위한 지불시스템의 개요 및 요건, 종류 그리고 e - 커머스 지불시스템의 안전관리와 절차에 대해 서술하였다. 제3장 '전자서명과 인증이란 무엇인가'는 2개의 절로 구성되어 있는데 전자서명과 인증의 개념, 전자서명 인증 제도를 일관된 체계에 따라서 서술하고 있다. 제4장 '전자무역이란 무엇인가'는 3개의 절로 구성되어 있는데 전자무역의 개념과 구성요소, 전자무역 마케팅 등 최근의 연구를 중심으로 이론적인 설명을 하고 있어서 실무자와 학생들에게 두루 도움을 줄 수 있도록 서술하였다. 마지막으로 제5장 '전자무역결제시스템이란 무엇인가'는 3개의 절로 구성되어 있는데 전자무역결제시스템의 개념과 특징, 유형, 문제점 및 발전방안에 관한 최신 이론을 결합하여 설명하고 있다. 이들 내용은 전자상거래 환경하에서 '어떻게' 운영할 것인가와 함께 전자상거래 분야에서 '무엇이 변화 되는가'를 보여주는 것이다. 이런 내용을 전부 학습하게 되면 '전자결제론'이 의미하는 바를 알 수 있게 구성되었다.

이상의 내용과 같이 "e-commerce, e-trade를 위한 전자결제론"은 e-commerce와 e-trade 분야의 전자결제에 대해 개괄적으로 다루고 있다. 하지만 이 책이 결코 만족스럽다고 자부하지는 못한다. 예컨대 이 책이 전자상거래와 전자무역결제 등의 실무의 개선에 조그만 기여라도 되기를 바란다.

끝으로 이 책의 출판을 맡아 주신 한국학술정보(주) 채종준 대표이사의 노고에도 깊은 감사를 느낀다.

2009. 7.

제1장

전자상거래란 무엇인가?

본 장을 학습한 후에 다음 사항을 이해하고 설명할 수 있어야 한다.
- 전자상거래(e-commerce)의 개념을 정의하고 설명한다.
- 전자상거래(e-commerce)의 유형별 특성에 대해 설명한다.
- 전통적 구매방식과 비교하여 전자상거래 구매의 이점을 설명한다.
- 구매라이프사이클을 설명하고 이것이 전자상거래에서 중요한 이유를 설명한다.
- B2B경매모델이 전자상거래 구매에 긍정적인 영향을 주는 과정을 설명한다.
- 2008년 전자상거래(e-commerce)의 현황과 발전방안에 대해 설명한다.

◈ 본 장의 개요

　본 장에서는 전자상거래에 대해서 논의한다. 본 장에서는 전자상거래에 대한 개념과 그에 관련된 문제들을 소개하고, 유형별 특징과 형태별 비교를 통해 장점과 한계에 대하여 논의한다. 이어서 전자상거래의 시장현황을 설명하고 논의한다.

제1절 전자상거래 개념 및 특징

1. 전자상거래의 정의

　전자상거래(Electronic Commerce)라는 용어는 1989년 미국의 국립 로렌스 리버모오 연구소(Lawrence Livermore National Laboratory)에서 미 국방성의 프로젝트를 수행하면서 사용되기 시작하였고, 전자상거래가 일반적으로 논의되기 시작한 시점은 1990년대 초반으로 추정된다. 당시 전자상거래에 대한 논의는 VAN(Value Added Network)을 이용하여 기업 간(또는 정부와 기업 간) 전자적인 자료 교환을 위한 EDI(Electronic Data Interchange)가 주류를 이루었다. 그러나 1990년도 초기에 개발된 Web과 브라우저로 인하여 인터넷이 점차 기업의 제품 및 서비스의 판매와 마케팅을 위한 매체로 활용되기 시작하면서 전자상거래는 인터넷을 기반으로 한 새로운 응용형태로 발전하였다.

　전자상거래는 전자공간(Cyberspace)상에서 전자장치를 이용하여 이루어지는 거래행위로 넓은 의미의 기업이나 소비자가 컴퓨터 통신망상에서 행하는 광고, 발주, 상품과 서비스의 구매 등 모든 경제 활동을 뜻한다. 이는 CALS(Commerce At Light Speed), EDI(Electronic Data Interchange), CB(CyberBusiness)의 세 가지 개념이 포괄적으로 정의된 것이다. 여기서 ECIP의 EC란 EDI와

CALS 분야를 제외한 CB에 근접한 개념이다. 그러나 흔히 말하는 전자상거래란 인터넷을 통해 소비자와 기업이 상품과 서비스를 사고파는 협의의 개념을 의미한다.

전자상거래는 쇼핑, 금융 등 인터넷 가상공간(Cyberspace)을 통해 시간적, 공간적 한계를 뛰어넘어 실현되기 때문에 실물 위주의 경제 체제에 혁명적 변화를 불러오고 있다.

2. 전자상거래의 유형별 특징

전자상거래의 주체는 개인, 기업, 정부가 되며 거래 특성과 거래 방향에 따라 기업과 기업 간 전자상거래(B2B), 기업과 개인 간 전자상거래(B2C), 기업과 정부 간 전자상거래(B2G), 개인과 기업 간 전자상거래(C2B), 개인과 개인 간 전자상거래(C2C) 등 크게 다섯 가지 유형으로 구분된다.

1) 기업과 개인 간의 전자상거래(B2C)

소비자를 대상으로 하는 서비스업으로 기업과 고객 간에 거래 관계가 형성되는 것을 말한다. 소비자에게 유·무형의 재화를 제공, 판매 및 중개를 한다. 일반적으로 사이버 쇼핑몰을 통해 상품을 주문, 판매, 대금의 결제 및 광고, 배달 등과 관련된 기업과 소비자 간의 전자상거래이다.

2) 기업 간 전자상거래(B2B)

기업의 사설망이나 부가가치통신망 등의 네트워크상에서 주로 EDI를 사용하여 기업 간에 주문을 하거나 송장을 받고 지불하는 형태이다. B2B 모델로는 사전에 약속된 비즈니스 규칙과 결정된 가격을 기초로 거래가 형성이 되는 카탈로그 모델, 거래 과정에서 가격이 결정되는 경매 모델, 수요와 공급을 일시적으로 조정하는 교환 모델, 기업 간에 자산을 상호 교환하는 물물 거래 모델 등이 있다.

3) 기업과 정부 간 전자상거래(B2G)

기업과 정부 간에 공공 물자의 조달과 같은 것을 인터넷을 통하여 거래하는 형태를 말한다. 기업과 정부 기관 간의 전자적 거래 과정을 모두 포함하는 전자상거래를 의미하며, 정부 조달 업무 전자상거래 시스템이 완성되어 정상적으로 잘 운영되기 위해서는 EDI시스템에 의한 전자 문서의 송수신뿐만 아니라 전자 상품 목록, 인증서비스, 전자 지불시스템 기능 등이 성공적으로 구현되어야 한다.

4) 개인과 기업 간 전자상거래(C2B)

소비자나 소비자 집단이 주도권을 가지고 거래하는 형태로, 소비자가 개인이나 단체에 필요한 상품을 가격과 부대조건을 결정하여 공급 기업에 지시하고 합의가 이루어지면 구매하는 것을 말한다.

고객이 개인적으로 혹은 단체를 구성하여 상품의 공급자나 상품의 생산자에게 가격이나 수량 혹은 부대 서비스 등에 관한 조건을 제시하고, 협상을 통해 서로 합의가 되면 거래가 이루어진다. 고객이 상품에 대한 많은 정보를 가지게 되면서 거래의 주도권은 기업이 아닌 소비자가 갖게 된 거래 형태이다.

C2B는 소비자가 직접 상품의 가격 및 부대조건을 제시할 수 있다는 점에서 B2C와 다르다.

5) 개인과 개인 간 전자상거래(C2C)

개인과 개인 간에 1 대 1 거래가 이루어지는 형태를 말한다. 개인과 개인 간 거래에서 C2C는 중간의 매개 역할을 하는 서버가 있고, 이 서버를 통해 상품, 서비스, 정보 등을 가상공간에서 거래하는 방식이다. 이는 고객이 공급의 주체인 동시에 수요의 주체가 되며, 인터넷은 매개 역할을 한다.

C2C는 개인이 상품의 구매 및 소비의 주체인 동시에 공급의 주체가 되기도 한다. 과거 대량생산, 대량소비의 시대에는 불가능하였으나, 인터넷이 소비자들을 직접 연결시켜 주는 시장 역할을 함으로써 가능해진 거래 유형이다. C2C의 사례로는 인터넷 경매 사이트를 들 수 있다.

3. 전자상거래 형태별 비교

1) 전자상거래

(1) 개방형 네트워크 기반 전자상거래

개방형 네트워크로서 전 세계 각지의 수많은 정보를 제공하고 있다. WWW과 HTML에 의한 멀티미디어형 표현이 가능하며, 데이터베이스와의 연결에 의한 실시간 조회와 검색이 가능하다. 또한 TCP/IP에 의한 이기종 통신 및 이질적 네트워크간 접속이 가능하다는 것이 장점이다.

단점으로는 EDI에 비해 보안성이 떨어지며, 비정형 문서를 사용함으로써 구조적인 업무의 자동처리가 이루어지지 않는다. 이에 대한 해결방안으로는 Open EDI, Interactive EDI, 인터넷 EDI의 실현을 들을 수 있으나, EDI는 국내 업무 또는 특정 산업 내의 업무 또는 기업 대 개인 간의 거래에서는 적용하기가 용이하지만, 기업 간의 무역거래에서 직접 적용하기는 어렵다. 따라서 새로운 EDI의 개발 주이와 기존 EDI 네트워크와의 연계성을 감안하여 발전방향을 간구해 보아야 할 것이다.

(2) 한계

인터넷의 가장 큰 문제점인 보안성과 자료의 신뢰성이 부족하며 전자상거래하에서 전자문서의 위조와 변조가 가능하다.

전자상거래는 기업 간 거래에서 기업 및 제품에 대한 홍보와 조회에 한정되고 있다. 인터넷 대금 결제방식은 주로 소액 거래에 적용되고 있어 기업

대 개인 간의 전자상거래만이 활성화되고 있는 실정이다.

2) 폐쇄형 네트워크 기반 전자상거래

(1) 특성

특수 목적 VAN을 중심으로 이루어진 네트워크로서 현재 EDI를 주축으로 운영되고 있다. 조직 간, 기업 간, 기관 간, 기업과 기관 간의 거래 전반에 걸친 정형적인 업무 처리에 중점을 두고 있으며. 보안성과 신뢰성이 우수하다.

(2) 한계

불특정 다수에 대한 효율적인 홍보 효과를 거두기가 어렵고, EDI의 통신표준이 통일되지 않는 한 전자문서 간의 호환성이 결여되기 때문에 산업 간 또는 산업과 정부기관 간, 국가 간의 전자상거래는 불가능해진다.

현재로서는 국가 간의 통신표준의 상이와, 전자문서에 대한 인증 문제, 대형 계약에 따른 전자결제방식의 미개발 등으로 폐쇄적 네트워크에 의한 국제 전자상거래는 실현되기 어렵다. 기술적, 제도적인 한계로 인하여 일반 개인이 EDI를 도입할 수는 없으므로, 기업대 기업간의 전자상거래로 한정되어 발전되고 있다.

3) 무역에서의 전자상거래

(1) 기업 대 기업 간 국제 전자상거래

현재의 기술 수준으로 EDI 시스템은 무역에서 아직 효율성이 그다지 높은 편은 아니다. 기업 간 전자상거래는 인터넷 폐쇄형 네트워크 그리고 전통적인 거래방식이 혼용되고 있는 상황인데 중소기업의 경우 자체적인 홈페이지 제작은 가능하지만 대외적인 이미지가 약하기 때문에 별도의 홍보 없이 타 기업들이 직접 방문하는 횟수가 적을 수밖에 없으며, 자체적인 데이터베이스의 구축이나 전산시스템의 도입이 용이하지 않기 때문에 기업 간 전자상거래에 많은 애로점이 있다.

(2) 기업 대 개인 간의 국제 전자상거래

E-mail에 의한 대인적 협상에는 한계가 있다. 보안상의 이유로 정보 누출에 의한 위험을 소비자가 부담하고 있으며 소비자 인지도, 안전도 등에서 볼 때 중소기업에 비해 대기업이 우위에 있다.

제2절 연간 전자상거래 동향

1. 2008년 전자상거래 현황

2008년 국내의 전자상거래 총 거래액은 629조 9,670억 원으로 나타났다. 이는 전년에 비하여 113조 4,530억 원(22.0%)이 증가한 수준으로, 부문별 거래비중을 보면, 기업 간 전자상거래(B2B)가 총 거래액의 88.9%인 560조 1,350억 원으로 대부분을 차지하고 있으며, 기업·정부 간 전자상거래(B2G)가 8.3%, 기업·소비자 간 전자상거래(B2C)가 1.9% 그리고 소비자 간 전자상거래(C2C 등)는 0.9%로 나타났다.

증감률을 보면 기업 간 전자상거래(B2B)가 20.6%, 기업·정부 간 전자상거래(B2G)가 42.0%로 각각 증가했다.

〈표 1〉 부문별 거래내용

(단위: 십억 원, %)

부문별	2007년	구성비	2008년	구성비	거래액(전년대비) 증감액	증감률
○ 총 거래액	516,514	100.0	629,967	100.0	113,453	22.0
- 기업간 전자상거래(B2B)	464,456	89.9	560,135	88.9	95,679	20.6
- 기업·정부간 전자상거래(B2G)	36,801	7.1	52,266	8.3	15,464	42.0
- 기업·소비자간 전자상거래(B2C)	10,226	2.0	11,660	1.9	1,434	14.0
- 소비자간 전자상거래 (C2C 등)	5,032	1.0	5,906	0.3	875	17.4

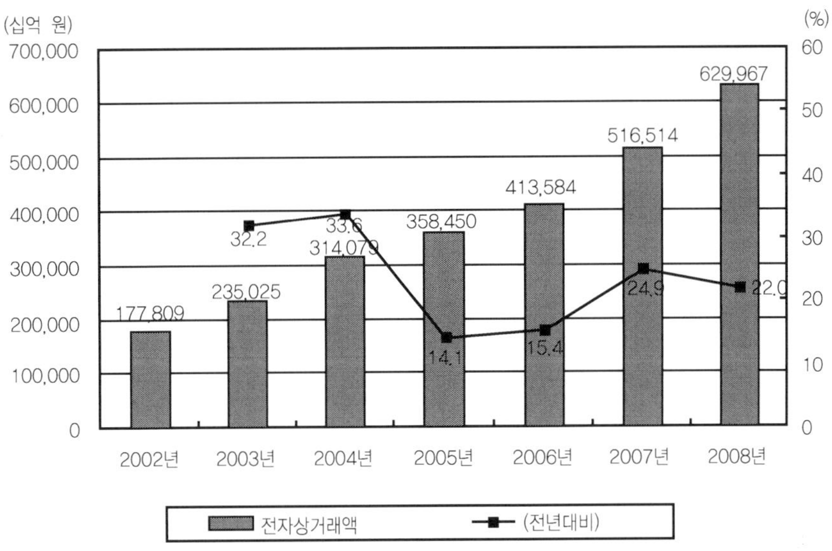

〈그림 1〉 연도별 전자상거래 규모

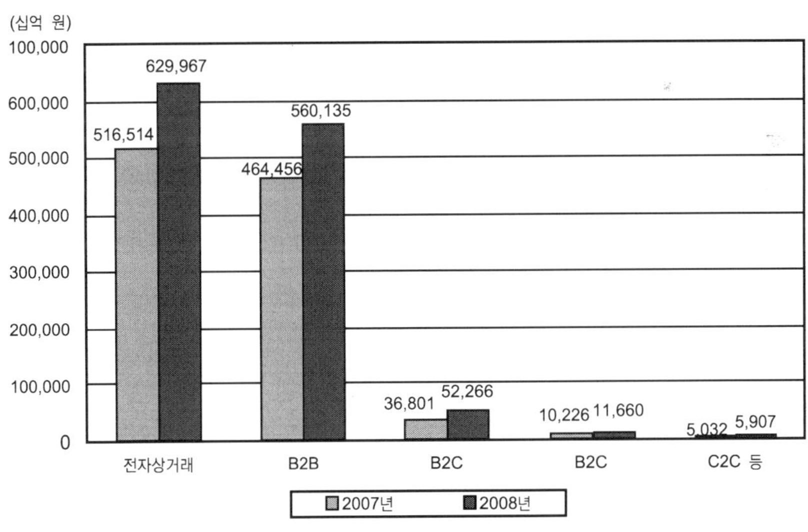

〈그림 2〉 부문별 전자상거래

2. 부문별 거래내용

1) 기업 간 전자상거래(B2B) 부문

2008년 기업 간 전자상거래(B2B) 규모는 560조 1,350억 원으로 전년의 464조 4,560억 원에 비해 20.6%(95조 6,790억 원) 증가하였다.

<표 2> 기업 간 전자상거래(B2B)

(단위: 십억 원, %)

구 분	2002년	2003년	2004년	2005년	2006년	2007년	2008년
○ 총 거래액 (전년대비)	155,707	206,854 (32.8)	279,399 (35.1)	319,202 (14.2)	366,191 (14.7)	464,456 (26.8)	560,135 (20.6)

2) 거래주도별 규모

기업 간 전자상거래액을 거래주도별로 보면 구매자중심형 거래액은 380조 9,020억 원으로 전년에 비해 18.6%, 판매자중심형 거래액은 23.2%, 중개자중심형 거래액은 33.8% 각각 증가하였다.

거래액 비중을 보면 판매자중심형 거래비중이 26.2%로 전년에 비해 0.5%p, 중개자중심형 거래비중도 전년에 비해 0.6%p로 각각 소폭 확대된 반면, 구매자중심형 거래비중은 전년에 비해 −1.1%p 감소하였다.

<표 3> 거래주도별 전자상거래

(단위: 십억 원, %)

거래주도별	2007년	구성비	2008년	구성비	거래액(전년대비) 증감액	증감률
○ 총 거래액	464,456	100.0	560,135	100.0	95,679	20.6
− 구매자 중심형	321,058	69.1	350,902	68.0	59,844	18.6
− 관매자 중심형	119,246	25.7	146,929	26.2	27,683	23.2
− 중개자 중심형	24,152	5.2	32,304	5.8	8,152	33.8

(1) 산업별 규모

2008년 연간 산업별 거래액 구성을 보면 제조업이 359조 6,180억 원으로 전체의 64.2% 비중을 차지하고 있으며, 도·소매업이 96조 1,850억 원 (17.2%), 건설업 63조 2,880억 원(11.3%) 순으로 나타났다.

　전년에 비해 산업별 거래액 증감률은 건설업 37.1%, 제조업 20.5%, 도· 소매업 16.6% 순으로 증가한 것으로 나타났다.

〈표 4〉 산업별 기업 간 전자상거래

(단위: 십억 원, %)

거래주도별	2007년		2008년		거래액(전년대비)	
		구성비		구성비	증감액	증감률
○ 총 거래액	464,456	100.0	560,135	100.0	95,679	20.6
− 제조업	298,399	64.2	359,618	64.2	61,219	20.5
− 도·소매업	82,478	17.8	96,185	17.2	13,708	16.6
− 건설업	46,160	9.9	63,288	11.3	17,128	37.1
− 출판·영상·방송동신 및 정보서비스업	11,029	2.4	11,514	2.1	485	4.4
− 전기·가스·수도업	9,18	2.0	10,807	1.9	1,289	13.5
− 운수업	7,850	1.7	8,456	1.5	606	7.7
− 기타	9,022	1.9	10,267	1.8	1,245	13.8

(2) 거래기업 소재지(국내·해외)별 규모

　거래기업의 소재지(국내소재기업·해외소재기업)별로 B2B 비중을 보면, 국내기업 간 거래액이 430조 8,740억 원으로 기업 간 전자상거래의 76.9% 를 차지하고 있으며, 국내기업과 해외기업 간의 거래액이 129조 2,610억 원 으로 23.1%를 차지하고 있는 것으로 나타났다.

　전년에 비해서는 국내기업 간 거래액은 17.3%, 국내기업과 해외기업 간 의 거래액은 32.9% 각각 증가하였다.

〈표 5〉 거래기업 소재지(국내·해외)별 기업 간 전자상거래

(단위: 십억 원, %)

거래기업 소재지 (국내·해외)별	2007년		2008년		거래액(전년대비)	
		구성비		구성비	증감액	증감률
○ 총 거래액	464,456	100.0	560,135	100.0	95,679	20.6
− 국내기업간 거래	367,182	79.1	430,874	76.9	63,692	17.3
− 해외기업과의 거래	97,273	20.9	129,261	23.1	31,988	32.9

(3) 기업·정부 간 전자상거래(B2G)

2008년 기업·정부 간 전자상거래(B2G) 규모는 52조 2,660억 원으로 전년에 비해 42.0% 크게 증가하였다. 부문별로 보면 재화 및 서비스 구매는 30조 3,060억 원으로 54.7%, 건설공사 계약액이 21조 9,600억 원으로 전년에 비해 27.6% 각각 증가했으며, 거래액 비중은 재화 및 서비스 구매가 기업·정부 간 전자상거래에서 58.0%의 비중을, 건설공사 계약은 42.0% 비중을 보였다.

〈표 6〉 기업·정부 간 전자상거래

(단위: 십억 원, %)

구 분	2007년		2008년		거래액(전년대비)	
		구성비		구성비	증감액	증감률
○ 총 거래액	36,801	100.0	52,266	100.0	15,464	42.0
- 자화 및 서비스 구매	19,585	53.2	30,306	58.0	10,721	54.7
- 건설공사 계약	17,216	46.8	21,960	42.0	4,743	27.6

제3절 2008년 사이버쇼핑(B2C 등) 동향

1. 사이버쇼핑 거래액

2008년 연간 사이버쇼핑 거래액은 18조 1,460어 원으로 전년에 비해 15.1% 증가를 나타냈다. 이 중 기업·소비자 간 거래액(B2C)이 11조 6,600억 원으로 전년에 비해 14.0% 증가했다.

〈표 7〉 사이버쇼핑 거래액 동향

(단위: 십억 원, %)

구 분	2007년		2008년		거래액(전년대비)	
		구성비		구성비	증감액	증감률
○ 합 계	15,766	100.0	18,146	100.0	2,380	15.1
- B2C	10,226	64.9	11,660	64.3	1,434	14.0
- 기타[1]	5,540	35.1	6,486	35.7	946	17.1

주1) C2C, B2B, B2G의 사이버쇼핑 거래액임

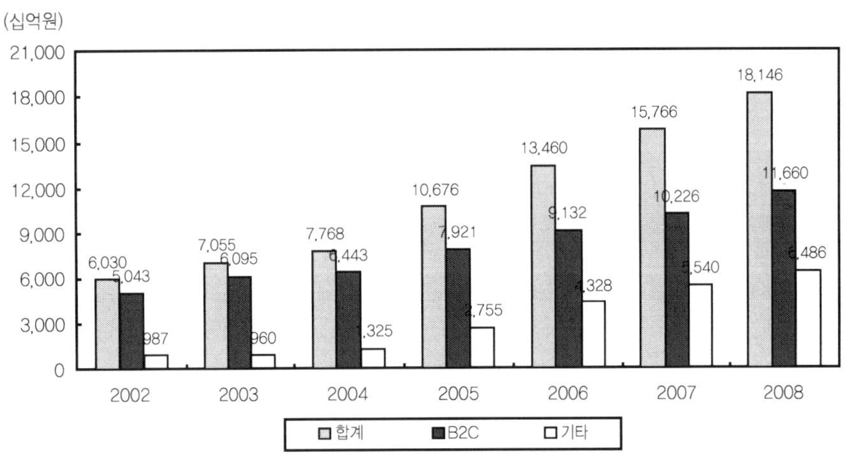

〈그림 3〉 사이버쇼핑 연도별 거래액 추이

2. 상품군별 거래액

　2008년 연간 거래액 비중은 의류·패션 및 관련 상품이 2조 9,960억 원으로 전체의 16.5%를 차지하였으며, 이어 여행 및 예약서비스 2조 8,570억 원(15.7%), 가전·전자·통신기기 2조 4,660억 원(13.6%) 등이다.

<표 8> 상품군별 거래액 동향

(단위: 십억 원, %)

구 분	2007년	구성비	2008년	구성비	거래액(전년대비) 증감액	증감률
합 계	15,766	100.0	18,146	100.0	2,380	15.1
의류·패션 및 관련상품	2,714	17.2	2,966	16.5	282	10.4
여행 및 예약서비스	2,416	15.3	2,857	15.7	441	18.3
가전·전자·통신기기	2,326	14.8	2,466	13.6	140	6.0
생활·자동차용품	1,485	9.4	1,710	9.4	224	15.1
컴퓨터 및 주변기기	1,542	9.8	1,636	9.0	94	6.1
아동·유아용품	868	5.5	1,027	5.7	158	18.2
음·식료품	731	4.6	1,009	5.6	279	38.2
화장품	793	5.0	917	5.1	125	15.7
서 적	744	4.7	875	4.8	131	17.6
스포츠·레저용품	536	3.4	614	3.4	78	14.6
농수산물	393	2.5	493	2.7	100	25.5
사무·문구	181	1.1	262	1.4	81	44.9
소프트웨어	110	0.7	112	0.6	2	2.1
음반·비디오·악기	93	0.6	111	0.6	18	19.5
각종서비스	70	0.4	56	0.3	−13	−19.3
꽃	51	0.3	51	0.3	−1	−1.8
기 타	712	4.5	951	5.2	240	33.7

※ 거래액크기 순임

3. 취급상품범위 및 운영형태별 거래액

2008년 연간 취급상품범위별 거래액은 전년도에 비해 종합몰(16.6%)이 전문몰(11.6%)보다 큰 폭의 증가를 나타냈다. 2008년 연간 운영형태별 사이버쇼핑 거래액은 전년도에 비해 online업체(20.5%)에서 크게 증가하였으며, on/offline병행업체(5.7%)는 소폭의 증가를 나타냈다.

<표 9> 취급상품범위 및 운영형태별 거래액 동향

(단위: 십억 원, %)

구 분	2007년		2008년 p		거래액(전년대비)	
		구성비		구성비	증감액	증감률
○ 합 계	15,766	100.0	18,146	100.0	2,380	15.1
〈취급상품범위별〉 종합몰[1]	11,122	70.5	12,964	71.4	1,842	16.6
전문몰[2]	4,644	29.5	5,181	28.6	537	11.6
〈운영형태별〉 online[3]	10,007	63.5	12,061	66.5	2,054	20.5
on/offline병행[4]	5,759	36.5	6,084	33.5	325	5.7

주1) 인터넷상에서 취급하는 상품 군이 다양하게 구성되어 여러 종류의 상품을 일괄 구매할 수 있는 사이버쇼핑몰
주2) 인터넷상에서 하나의 상품 군 또는 주된 상품 군만을 구성하여 판매하는 사이버쇼핑몰
주3) 컴퓨터 및 네트워크 기반(온라인)을 통해서만 상품 및 서비스를 최종소비자에게 판매하는 경우
주4) 온라인뿐만 아니라 기존의 상거래방식을 병행하여 상품 및 서비스를 최종소비자에게 판매하는 경유
※ on/offline병행업체의 거래액은 online으로 거래된 금액임

1) 지불결제수단 및 배송수단별 구성비

2008년 연간 지불결제수단별 구성비는 카드 67.2%, 계좌이체 29.3%, 전자화폐 0.7%의 순으로 나타났다. 2008년 연간 배송수단별 구성비는 택배 86.7%, offline제휴 6.3%, 자체배송이 2.6% 순이다.

<표 10> 지불결제수단 및 배송수단별 구성비 동향

(단위: %, %p)

구 분	2007년	2008년	전년대비 증감
○ 합 계	100.0	100.0	
〈지불결제수단별〉 계 좌 이 체	30.3	29.3	−1.0
카 드	66.0	67.2	1.2
전 자 화 폐	0.7	0.7	0.0
기 타	2.9	2.8	−0.1
〈배송수단별〉 자체배송	2.4	2.6	0.2
택 배	88.0	86.7	−1.3
우 편	1.6	1.8	0.2
offline제휴[1]	6.0	6.3	0.3
기 타	2.0	2.6	0.6

주1) 쇼핑몰 업체에서 제휴한 사업장(편의점, PC방, 주유소, 지하철 등)까지만 배송하여 소비자가 직접 찾아가도록 하는 형태

요 약

본 장에서는 전자상거래에 대해 설명하였는데, 전자상거래는 일반적으로 전자적인 환경하에서의 상거래를 의미한다. 이러한 전자적인 환경 하에서의 상거래는 일반적으로 Web환경하에서의 거래를 말하는데 이러한 거래의 범위는 소비자와 기업 간의 거래인 B2C(Business to Consumer)와 기업과 기업 간의 거래인 B2B(Business to Business)를 포함하고 있다.

최근의 전자상거래는 개방형구조인 인터넷을 기반으로 하고, 일반 사용자들이 쉽게 이용할 수 있는 웹 환경에서 이루어지는 추세이다. 인터넷 환경은 고객의 접근 및 사용의 편리성 때문에 전자상거래를 대중화시키고 활성화시키는 주요 원인이 되고 있다.

중요용어

전자상거래(Electronic Commerce)	VAN(Value Added Network)
EDI(Electronic Data Interchange)	Web
Cyberspace	CALS(Commerce At Light Speed)
B2B	B2C
B2G	C2B
C2C	HTML
데이터베이스	통신표준
개방형 네트워크	폐쇄형 네트워크

토론질문

1. 전자상거래의 유형은 몇 가지가 있는가? 각 유형의 예를 설명해 보자.
2. 전자상거래(e – Commerce)와 관련된 용어에서 용어 앞에 'e'가 많은 이유를 설명해 보자.
3. 전자상거래를 연구하는 중요한 이유를 설명해 보자.
4. 실제 시장의 상점과 전자상거래의 전자상점(e – tailing)과의 차이는 무엇인가? 각각의 예를 설명하라.
5. 인트라넷(Intranet)과 엑스트라넷(Extranet)이 전자상거래 운영과 어떻게 연결이 되는가?

참고문헌

김병욱, 『전자상거래론』, 킴스정보전략연구소, 2004.
노규성, 『E – Commerce & E – Business – 유비쿼터스 시대의 전자상거래 & E – Business』, 사이텍미디어, 2005.
앨빈 토플러, 『부의 미래』, 청림출판, 2007.
정보통신정책연구원, "웹 서비스의 현황 및 비즈니스 모델의 변화", 2002.
한국콘텐츠학회, 『2005추계 종합학술대회 논문집』 제3권, 2005.
이규철, "웹서비스의 개요 및 발전동향", 행정자치부전자정부지원센터, 2004.
통계청, "2008년 연간 및 4/4분기 전자상거래 및 사이버쇼핑 동향", 2009.

Bob Gaffney, EDI moves to Electronic Commerce, EDI Forum vol.8, no.1.
Eric Knipp, 『시스코 네트워크 보안』, 에이콘, 2004.
ISO/IEC TR 13335 – 5, "Information Technology – Guidelines for the Management

of IT Security – Part5: Management guidance on network security", 2001.

Management of IT Security – Part5: Management guidance on network security, 2001.

Mitch Tulloch, Microsoft Encyclopedia of Security, Microsoft Press.

제2장

e-커머스 결제시스템이란 무엇인가?

본 장을 학습한 후에 다음 사항을 이해하고 설명할 수 있어야 한다.
- e-커머스 결제시스템을 정의하고 설명한다.
- e-커머스 결제시스템의 요건과 유형에 대해 설명한다.
- e-커머스 결제시스템의 새로운 경향을 설명한다.
- e-커머스 결제시스템이 중요한 이유를 설명한다.
- e-커머스 결제시스템의 개선에 중요한 영향을 주는 요인과 과정을 설명한다.

◈ 본 장의 개요

본 장은 전자상거래 환경에서의 지불결제시스템에 관하여 설명한다. 이론적 고찰로서 e-커머스 결제시스템의 개요, 요건, 종류에 대해서 설명한다. 그리고 e-커머스 결제시스템의 안전관리와 절차의 요건이 왜 중요한가에 대해서 설명한다. 마지막으로 e-커머스 결제시스템의 문제점과 안전대책의 방안을 제시한다.

제1절 e-커머스를 위한 결제시스템

1. e-커머스 결제시스템의 개요

일반적으로 인터넷상거래를 위한 결제시스템은 다양한 전자결제매체를 이용해 구매한 상품의 대금을 지급할 뿐만 아니라 개인과 개인 간, 개인과 기업체 간 대금을 결제하는 과정이라고 정의한다.

전자지급결제시스템은 전자지급결제 과정을 수행하는 하드웨어 및 소프트웨어와 통신매체를 통한 시스템이며 전자지급결제시스템과 전자결제서비스로 구성된 종합시스템이다. e-커머스에 적용할 전자지급결제시스템이 충분히 역할을 할 수 없어 초기에는 기존 온라인 뱅킹시스템을 주로 이용하고 그 후 신용카드를 이용한 결제시스템이 인터넷 상거래에서 사용하게 되었다. 그러나 전자통신 기술의 발달과 전자지급결제시스템의 다양한 서비스가 등장함에 따라 Payment Gateway를 이용한 카드시스템, 온라인캐쉬 등 다양한 방법이 개발되게 되었다.

최근에는 전자지급결제시스템에 신용카드, 은행 계좌이체, 전자화폐, 모바일지급결제, 전자우편결제, 전자수표 등 다양한 방식의 매체가 등장하고 그러한 지급결제제도를 안전하게 하기 위해서 사용자인증, 전자서명 등 인증방법의 개발과 각종 매체를 안전하게 운영하기 위한 보안기술(PKI, SET, SSL 등)의 알고리즘 개발이 선행되고 있다.

2. e - 커머스 결제시스템의 요건

e - 커머스 지불시스템이 일반화폐와 같이 널리 보급되고 사용되도록 하기 위해선 전자지불시스템의 안전성, 보안성, 효율성, 편리성 등의 요건이 갖추어져야 한다. 특히 개방되고 분산된 통신망을 이용하고 있는 인터넷거래는 데이터 자체가 화폐가치로 평가될 수 있기 때문에 e - 커머스 지불시스템에서의 자료는 안전성과 보안성을 확보하는 것이 가장 중요한 요건이 된다.

e - 커머스 지불시스템은 전자상거래 및 그와 연관된 전자시장의 성공을 위한 결정적인 요소이기 때문에 전자적 지불시스템의 매체는 전통적인 시장경제에서 사용하는 화폐나 수표 등의 지불시스템과 같이 동등하게 중요성이 커지고 있어 네트워크상에서 간편하고 안정적인 지불 거래를 위한 혁신적인 요건이 필요하다.

이러한 e - 커머스 지불시스템을 수용하기 위한 중요한 전제조건으로는 시장참여자의 요구사항(고객, 공급자, 금융기관), 기술적 요구조건(보안, 통합, 실용화), 경영적 요구조건(기능적, 비용 및 사용비율 관련사항) 등의 만족과 위험요인을 고려해야 한다.

또한 물리적인 시스템의 요건으로 인증기관(Certificate Authority), 전자지갑(Digital Wallet)을 장착한 고객시스템, 지불시스템(Payment System), 상점시스템(Merchant System)으로 구성되며, 안전한 e - 커머스는 사전 인증 절차를 통해 인증기관으로부터 발급된 전자인증서(Certificate) 또는 여타 인증수단을 통하여 고객과 상점시스템, 지불시스템 간의 규정된 암호화 프로토콜 체계를 갖추어야 한다.

※ 물리적인 지불시스템의 요건

- 인증기관: 거래당사자간의 신원을 확인하고 입증해 주기 위해 전자인증
  서를 발행, 개정, 취소하는 기관으로 거래당사자가 사용하게 될 공개키
  (암호키, 교환용 공개키 및 전자서명용 공개키)를 인증해 준다.
- 고객시스템: 웹브라우저와 지불을 위한 전자지갑, 신용카드, 선불카드,
  직불카드, 계좌이체, 전자화폐, 핸드폰지급결제 등을 이용한다.
- 지불시스템: 인터넷쇼핑몰이 요구하는 대금 지불 정보를 처리하는 시스
  템으로서 지불게이트웨이, 전자화폐, E - Mail System, Mobile System 등
  이 있다.
- 상점시스템: 고객들에게 전자적으로 상품(유·무형)을 판매하는 쇼핑몰
  (Cyber Shopping Mall)로서 상품 정보DB를 기반으로 실제 쇼핑몰에서
  처리하는 상품관리, 매출관리, 고객관리, 상품 수·발주처리, 주문처리,
  배송처리, 재고관리 등의 각종 기능을 수행한다.

3. e - 커머스 지불시스템의 종류

e - 커머스 지불시스템은 지불시점, 인증시점, 거래액수, 판매자와 구매자
간의 통신방식 등 분류기준에 따라 다양한 유형으로 구분할 수 있다.

선불시스템의 경우 일정 금액을 먼저 입금하고 그에 대한 전자화폐를 발
급받아서 사용하는 것으로, 온캐쉬 등 전자화폐나 교통카드 등이 해당되는
데 일반적으로 소액결제에 많이 사용된다.

직불시스템은 카드사용 시 은행의 구매자 계좌에서 구매대금이 즉시 판매
자 계좌로 이체되는 방식이며 주로 소액현금 거래에서 사용된다.

후불시스템은 흔히 신용카드와 같이 일정 시점을 지나서 지급하는 형태를
취하는 시스템을 말한다. 현재 사용되고 있는 휴대폰 결제 및 ARS결제 등
의 Phone Bill 방식도 후불시스템에 해당되며 금액이 큰 거래시스템에서 주

로 사용되고 있으나 우리나라의 경우에는 교통카드로 신용카드가 사용되면서 소액거래에서도 이용되고 있다.

인증시점에 따라서 온라인 시스템과 오프라인 시스템으로 구분이 가능하다.

온라인 시스템은 지급결제 과정상 인증서버가 포함되어 고객인증과 관련한 데이터베이스를 유지하면서 지급결제가 이루어지기 때문에 즉시 인증을 해 주는 형태로 인터넷상에서 사용되는 전자지급결제시스템들이 이에 해당된다. 이와 같은 온라인 시스템은 지급결제실행 시에 인증서버에 접속해야 하므로 통신 요구량 증가와 집중화의 문제가 있고, 이중사용 및 부정사용 등을 예방할 수 있는 장점을 가지고 있다.

오프라인 시스템은 지급결제 발생 시 구매자에 대한 발행자의 인증을 포함하지 않고 거래 후 일정기간이 지난 후에 일괄적 처리를 하는 형태로 통신양의 집중화를 예방할 수 있고, 거래에 따른 통신비용이 절감된다. 이러한 오프라인 시스템에는 신용카드가 대표적이다. 그러나 이러한 신용카드를 통한 지급결제에는 신용카드 리더기(Reader Equipment)가 설치되어야 하므로 초기 비용소요가 크다고 볼 수 있다.

e - 커머스 지불시스템은 거래되는 금액에 따라 고액시스템, 소액시스템으로 나눌 수 있다. 네트워크형 전자화폐, 휴대폰 결제 등이 대표적 소액시스템으로 1만 원 이하의 소액을 저렴한 비용으로 지불하는 시스템을 말한다. 고액시스템은 신용카드 방식과 은행계좌이체 방식이 대표적 형태이며, 주로 1만 원 이상 수십만 원 사이의 액수에 적합하며, 높은 안정성이 요구되고, 운영비 부담도 커진다. B2B(기업 간)거래로 불리는 고액시스템은 수백만 원 이상의 경우를 말하며, 아직은 이 분야의 e - 커머스 지불시스템이 완전하지는 않지만 최근에 기업의 자재구매전용카드와 같은 방식으로 도입되고 있다.

1) 전자화폐 및 수표

(1) 전자화폐

전자화폐는 1990년대 개별은행을 중심으로 추진되었으나 1998년 은행 간

인수·합병이 진행되면서 1999년부터 국내은행의 표준화 전자화폐인 K-Cash가 도입되기 시작하였다.

① 스마트카드형(K-Cash)

한국은행은 1999년 1월 금융정보화 추진 은행소위원회의 의결을 거쳐 국내은행 및 신용카드사들이 참여하는 '전자화폐 공동사업 추진계획'을 확정하고 금융결제원이 주관하는 한국형 전자화폐인 K-Cash를 발행하였다.

K-Cash는 2000년 7월부터 9월 말까지 강남구 역삼동 일원에서 시범사업이 시행되었으며 시범사업 참가 금융기관은 은행 12개, 카드회사 1개가 참여하였고 약 24,000매를 발행하였다. 시범사업 당시 가맹점 662개이었고 하루 약 300건의 이용건수가 발생하였다.

K-Cash를 사용하기 위해서는 PC에 더미단말기를 장착한 후 K-Cash VAN이나 은행사이트에서 충전하여 사용할 수 있다. K-Cash의 특징은 이용한도가 20만 원이며 PC에 내장한 인터넷 뱅킹 및 전자상거래용 공인 인증키를 IC카드에 탑재한 안전성이 높은 전자화폐이다.

온라인과 오프라인 동시 사용 가능하고 콤비카드 및 다기능 복합카드의 형태를 갖고 있다. K-Cash는 은행의 ATM을 통해 충전이 가능하므로 전국적으로 호환성이 보장되어 있으나 개인 간 이전은 불가능하다. K-Cash의 처리절차를 살펴보면, 먼저 은행 등의 발행자가 IC카드를 고객에게 발급하면 고객이 단말기를 통해 자신의 예금계좌로부터 IC카드로 가치를 이전시킨 다음 물품구매 시 IC카드로부터 판매자의 단말기로 물품대금을 즉시 이체할 수 있다. 이후 판매자가 이전된 전자화폐를 거래은행에 제시하고 구매자의 IC카드에 연동된 거래은행과 대금을 입금할 판매자의 거래은행 사이에 최종적인 정산이 이루어진다.

비접촉식은 단말기에 접촉하거나 삽입하지 않고도 결제가 가능한 전자화폐로서 일반적으로 일정 거리 내에 접근하면 결제가 이루어진다. IC카드형 전자화폐는 초기 투자비용이 많이 소요되고, 결제계좌를 통해 선불식으로 충전을 해야만 사용이 가능하며 카드 분실 시 환불이 불가능하며 충전액수에 제한이 있다는 점 등의 단점이 있다.

② 네트워크형

네트워크형 전자화폐는 인터넷상의 가상은행 또는 거래은행과 접속되는 컴퓨터 내에 화폐가치를 예치 저장하였다가 필요시 공중통신망을 통하여 대금결제에 사용하는 방식이다.

네트워크형 전자화폐를 이용하려면 먼저 컴퓨터로 은행통장 기능을 갖는 소프트웨어를 통하여 자신의 거래은행에 전자화폐의 발행을 요청하여 이를 자신의 컴퓨터 하드디스크에 저장하여야 한다. 이 과정에서 전자화폐는 안전성과 익명성 보호를 위하여 암호화된다.

전자화폐 이용자가 인터넷상의 가상 상점에서 물건을 구매할 경우 자신의 컴퓨터를 통하여 가상 상점으로 전자화폐를 전송한다. 가상 상점은 자신의 거래은행에 이를 확인하게 되는데 전송된 전자화폐의 진위가 은행 간에 최종 확인된 경우에 이용자의 거래은행 계좌에서 가상 상점의 거래은행 내의 해당계좌로 거래대금이 이체되어 결제가 끝나게 된다. 물론 이와 같은 과정은 네트워크를 통하여 처리되기 때문에 실제로는 순식간에 처리되며, 일방적인 전송이 아닌 이용자와 상대방이 상호 주고받을 수 있는 쌍방향으로 처리된다.

네트워크형 전자화폐는 IC카드형 전자화폐와 달리 휴대할 수가 없어 불편한 점도 있지만 e - 커머스에서의 대금결제는 물론 원격지에 있는 상대방에게 각종 송금을 간편히 처리할 수 있는 장점이 있다.

(2) 전자수표

현실세계에서 사용되고 있는 종이로 된 수표를 그대로 인터넷상에 구현한 것이 전자수표이다. 전자수표의 사용자는 은행에 신용계좌를 갖고 있는 사용자로서 제한된다. 이 시스템은 발행자와 인수자의 신원에 대한 인증을 반드시 해야 하는 문제를 갖고 있다. 여기서 여러 가지 보안 기법들이 사용되고 있는데 이 때문에 트랜잭션 비용이 많이 든다. 그러나 전자수표는 상당히 큰 액수의 거래, 기업 간의 상거래의 지불수단으로서 적합하며 또 종이로 된 실세계의 수표보다는 처리비용이 적기 때문에 종이수표를 쓰는 것보다는 적은 액수의 지불에서도 사용이 가능하다. 아직 우리나라에서는 사용되지 않는다.

현재 개발되어 사용하고 있는 대표적인 전자수표를 살펴보면 다음과 같다.

① 넷체크(NetCheque)

넷체크(NetCheque)는 NetCash와 마찬가지로 분산된 여러 개의 서버를 갖는 모델을 세우고 있다. 여러 대의 복수 서버를 둠으로써 규모성(scalability)을 제공하고 있는 것이다. 이 시스템은 분산된 서버 사이에서 사용자의 인증과 서명을 위해 Kerberos 시스템에 기반을 두고 있다.

NetCheque의 전자수표를 쓸 때 서명을 하거나 받은 수표에 배서할 때 사용하는 것은 Proxy라고 불리는 Kerberos 티켓의 특별한 종류이다. 이것은 일반 사용자에게는 좀 어려움을 느끼게 한다. 또한 넷체크(NetCheque)는 공개키 암호화 방식보다 효율적인 재래식의 암호화 방식을 사용함으로써 아주 적은 액수의 지불에 대한 정산도 가능하게 한다.

② E - Check

미국 정부에서 지원하는 Financial Services Technology Consortium(FSTC)에서의 프로젝트로 E - Check도 전자수표 시스템의 하나이다. 이 시스템은 서버가 없이 사용자 간에 전자수표의 교환으로 거래가 이루어진다.

특징은 PCMCIA 카드를 이용한 하드웨어 기반 서명 방법을 쓰는 데 있다. 이 서명 카드를 인식하는 장치를 컴퓨터에 설치하고 이 카드가 있어야 수표에 서명하고 배서할 수 있다. 사용자 인증은 사용자의 거래 은행과 연방 준비은행이 공개키 방식의 전자서명을 응용하여 계층적으로 해 주고 있다. 그리고 이 시스템은 현존하는 은행 간 결제 통로(ACH, ECP)를 최대한 활용한다.

E - Check의 장점으로는 전자수표는 일반수표와 유사한 방식으로 교환, 결제되기 때문에 일반인에게 친숙하여 쉽게 보급될 가능성이 높으며, 하드웨어 방식의 전자서명이 이용되고 은행의 인증을 받아야 하기 때문에 안전

하고 믿을 수 있는 결제방식이다. 또한 전자수표는 보증수표, 자기앞수표, 여행자수표 등 다양한 종류로 발급될 수 있고 개인 간, 개인 - 기업 간 등 여러 분야에서 사용될 수 있어 용도가 다양하고, 은행은 전자수표를 사용하는 Internet 이용자를 고객으로 확보할 수가 있다.

E - Check의 단점으로는 교환과 결제에 소용되는 시간이 짧아 은행의 부동자금(Float) 운용일수가 대폭 단축(미국의 경우 5일 이상 ⇨ 2일)되어 은행의 경영악화 요인으로 작용할 수 있고, 수표의 경우 여타 지급결제수단에 비하여 금액이 커 범죄의 표적이 될 가능성이 높으며, 여타 지급결제수단에 비하여 수수료가 높다는 데 있다.

(3) 카드

네트워크를 통한 카드 지불은 기본적으로 기존의 실세계에서 신용카드로 지불을 하는 것과 거의 같다. 인터넷상에서는 그 특성상 유통되는 상품들 중에는 상당히 적은 액수의 상품들이 많이 있는데 이러한 상품들의 거래를 위해서는 트랜잭션 비용의 절감이 필수적이다.

카드를 이용한 지불에서 사용자의 신상에 관한 정보와 카드에 관한 정보를 각각의 거래마다 입력한다는 것은 무척 불편한 일이므로 이 정보들을 카드 발행 회사나 개인 컴퓨터에 저장해 놓고 사용할 수 있어야 하고 이 과정에서 보안은 필수적이다.

현 사회에서는 지급수단의 전자화가 급속히 보급되면서 카드는 무현금사회(Paperless)를 구현하기 위한 비현금지급수단의 중요한 매체로서 국민생활 속에 깊숙이 자리 잡고 있다. 카드는 크게 대금결제의 시기와 결제수단에 따라 사전에 정보를 수록하는 자기띠카드(M/S: magnetic stripe)와 IC(integrated circuit)카드로 분류할 수 있다. IC카드는 카드 자체에 비밀번호를 입력할 수 있으며 관련 정보의 암호화가 가능하여 안전성이 뛰어난데다 다량의 정보를 저장할 수 있다.

① 선불카드

선불카드란 신용카드업자가 대금을 미리 받아 일정한 금액이 기록된 증표를 발행하고 그 소지자의 제시에 따라 신용카드가맹점이 그 기록된 금액의 범위 안에서 물품 또는 용역을 제공할 수 있게 한 것이다. 선불카드에는 광범위한 지역에서 일반 물품을 구입하는 데 사용할 수 있는 범용 선불카드와 특정 지역에서만 사용하거나 특정 물품만을 구입하는 데 사용할 수 있는 단일목적 선불카드가 있다.

범용 선불카드는 1994년 1월 신용카드업 법에 범용 선불카드의 법적 근거가 마련됨에 따라 9월부터 최고금액을 3만 원으로 하여 4종류가 발행되었고 범용 선불카드 공동망이 가동되었다. 이후 선불카드 발행의 법정 최고금액도 단계적으로 20만 원까지 상향 조정되었으나 홍보 및 가맹점 부족 등으로 현재 교통카드로 많이 이용되고 있다. e-커머스에서의 선불카드는 IC카드나 공중정보통신망과 연결된 PC등의 전자기기에 전자기호 형태로 화폐적 가치를 저장하였다가 상품 등의 구매에 사용할 수 있는 전자지급수단으로 거래에 사용되고 은행계좌에 입금 처리된다.

② 후불(신용)카드

후불카드는 금융기관이 발급신청자에게 일정한 신용을 주고 이용자는 이 신용을 전제로 외상으로 서비스를 구입하거나 현금을 인출하고 차후에 카드회사에서 대금을 지급하고 이용자에게 다시 청구하는 방식이다.

신용카드에 의한 결제를 위하여 상인은 매출전표를 작성하고 카드발생사의 정책에 따른 승인이 필요하며 카드 보유자는 인터넷 상거래에서 인증서를 통한 서명으로 카드에 의한 지급을 실행한다. 거래대금은 거래일로부터 보통 1개월 후의 일정한 날에 자동이체에 의하여 행해진다. 이러한 신용카드의 방식에는 다음과 같은 ISP(Internet Secure Payment) 방식과 SSL(Secure Socket Layer) 방식이 있다.

㉠ ISP 방식

ISP 방식(Internet Secure Payment)은 e-커머스에서 고객이 신용카드로 결제할 때 여러 가지 결제정보를 PC에 입력함으로써 발생할 수 있는 결제정보의 유출을 방지하기 위하여 일부 카드사(국민, 비씨)에서 신용카드 인증 및 결제 서비스를 제공한다.

e – 커머스에서 이용되고 있는 SSL 방식은 카드번호(16자리), 주민등록번호(뒤 7자리), 비밀번호(앞 2자리), 유효기한을 입력하여 처리되고 있으나, ISP 방식은 공개키 기반(PKI: Public Key Infrastructure) 방식을 이용하여 ISP 비밀번호만을 입력함으로써 결제가 이루어지고 있다.

ISP 처리절차를 보면 먼저 고객이 카드번호와 e-mail 주소를 입력한 후 ISP 서비스 약관에 동의하고 카드비밀번호를 입력한다. 그 다음 고객이 ISP 비밀번호(영문·숫자 조합, 6~14자리)를 입력함으로써 신청절차가 종료된다.

ISP 방식은 금융감독원이 권고한 공개키기반(PKI)의 전자인증방식(공개키 1,024bit, SEED 128bit 암호화)으로 고객과 카드사만이 신용카드 정보를 알 수 있는 End – to – End 보안을 적용하고 있다. 또한 별도의 프로그램을 다운로드하여 설치할 필요가 없고, 결제 시마다 일일이 신용카드번호, 유효기한 등을 입력하는 대신 ISP 비밀번호만 입력하면 거래가 완료된다.

ⓒ SSL 방식

SSL(Secure Socket Layer)은 1994년 말 넷스케이프사가 보안이 취약한 인터넷상에서 웹브라우저와 웹서버 사이의 안전한 정보교환을 위하여 개발한 보안프로토콜이다. 브라우저가 웹서버에 접속하면 Handshake라는 초기 프로토콜을 통하여 암호화에 필요한 파라미터를 결정한다. 이후 어플리케이션 데이터는 이 파라미터에 따라 암호화되어 서버와 브라우저 간에 송수신된다.

SSL은 고객과 판매점 간의 전면(Front – end) 또는 판매점과 게이트웨이 간의 후면(Back – end)에서 인터넷상의 양방향 통신접속에 이용된다. SSL이 고객 브라우저와 판매점 간의 전면에 이용될 때의 한계점은 다음과 같다.

첫째, SSL은 개별적인 HTML 양식에 서명하기 위한 준비가 없기 때문에 신용카드 전표상의 서명과 같지 않아, 판매점은 나중에 특정 이용자가 거래를 인증하였는지 증명할 수 없다. 이는 고객이 거래를 부인할 수 있는 위험을 판매점에 주고 있다.

둘째, 신용카드 지급은 본래 고객, 판매점, 은행이라는 세 개의 주체를 포함하고 있는데 SSL은 이들 중 어떤 둘 간의 관계를 보증하고 있다. 이는 구매자의 PIN번호와 같이 판매점에 알려지지 않은 데이터를 보증할 방법이 없다.

셋째, 거래내역이 판매점 서버상에 파일로 저장되며, 이것이 해커들에게는 매력적인 목표가 된다. SSL이 판매점과 게이트웨이 간의 후면에 이용될 때 SSL은 이 둘 간의 상호 운용성을 보장할 수 없다. 판매점과 게이트웨이는 보안 SSL 터미널 내에서 그들이 데이터 교환을 어떻게 할지를 정의하기 위한 거래 프로토콜을 필요로 한다. 현재 거의 모든 거래 프로토콜은 특정 제조업체와 게이트웨이마다 다르다. 이러한 한계점에도 불구하고 SSL은 넷스케이프나 익스플로러와 같은 웹브라우저에 기본적으로 탑재되어 있고 어플리케이션 레벨보다 하위 레벨에서 작동하므로 어플리케이션의 변경 없이 사용이 가능하기 때문에 사용자 입장에서는 별도의 프로그램 개발이나 경제적인 부담을 최소화할 수 있는 장점을 가지고 있다.

그러나 보안적인 측면에서 SSL 방식은 데이터를 암호화하기 때문에 카드번호 등 결제정보의 노출 방지라는 최소한의 요구조건을 만족시킬지는 모르지만 카드소유자 본인 확인에 대한 문제는 여전히 남는다. 또한 SSL은 전자서명과 같은 서비스를 제공하지 않으므로 부인봉쇄 기능을 제공하기 위하여서는 별도의 보안기법이 함께 사용되어야 한다.

③ 직불카드

직불카드란 고객이 물품이나 서비스 구매 시 판매점에 설치되어 있는 단말기와 카드 발급은행의 주전산기를 통하여 고객의 예금계좌에서 인출된 구매대금이 판매자의 예금계좌로 자동이체 되도록 하는 카드이다. 직불카드는 백화점, 슈퍼마켓 등 판매점에서 물품판매와 동시에 고객의 계좌에서 대금이 이체되어 고객이 현금을 지급하는 것과 동일한 효과가 있으므로 EFTPOS (electronic funds transfer at the point of sale) 카드로도 불리고 있다.

영국, 프랑스 등 유럽의 주요 국가에서는 현금사용이 불편해 지급의 신속성으로 인하여 직불카드의 이용이 활발하며 이용 장소도 점점 확대되고 있다.

④ 전자이체

㉠ 인터넷에 의한 온라인이체

인터넷 뱅킹을 이용한 계좌이체 방식은 고객과 판매자 사이에 은행의 계좌자금이체를 통하여 거래대금을 결제하는 시스템으로서 대금결제가 실시간으로 이루어지며, ATM, 전화기, PC 등 다양한 채널을 이용하고 있다. 특히 인터넷 뱅킹은 서비스를 시간적·공간적 제약 없이 저렴한 수수료로 제공하고 현재 대부분의 은행이 서비스를 제공하고 있다.

이러한 온라인 이체방식의 처리절차를 보면 고객이 쇼핑몰에서 물품을 구입하기 위하여 지급결제에 필요한 은행계좌번호 등을 쇼핑몰에서 전송받고 고객은 쇼핑몰이 소지한 은행계좌에 인터넷 뱅킹을 통한 물품대금을 송금해 준다.

쇼핑몰은 입금내역을 확인한 후 고객에게 해당 상품을 배송하는 흐름으로 이루어진다. 최근에는 대금결제 후 쇼핑몰이 상품을 배송하여 고객이 확인할 때까지 인터넷 송금을 유보해 두었다가 결제해 주는 Escrow Service도 시행되고 있다.

㉡ 모바일이체

모바일 환경에서는 유선 인터넷과는 달리 시간과 장소에 제한받지 않고 각종 서비스를 이용할 수 있어 사용자 위주의 서비스 종류가 다양해져 e-커머스에 많이 사용하고 있다. 이러한 모바일이체의 장점은 이동통신기기를 사용하기 때문에 시간적·공간적 제약을 받지 않는다는 편리함이 있다.

또한 무선 환경에서는 유선 환경에서의 지급결제와 비교해 이동성(mobility), 편재성(ubiquity) 그리고 이로부터 발생하는 위치기반서비스 제공이 가능하다.

모바일이체의 방식은 인터넷상에서 구매자가 상품을 구매하고 휴대폰 지급결제로 구매 방식을 선택한 다음 구매자의 휴대폰 번호와 주민등록번호 등과 같은 사용자 확인번호를 입력하여 결제가 이루어지는 방식이다. 그 후에 구매자의 휴대폰으로 구매 거래인증번호가 전달되고 그 거래인증 번호를 입력하면 인증절차가 이루어져 거래가 이루어지는 방식이다.

이러한 모바일이체 및 결제 서비스에는 구매자에게 인증번호를 전송하는 방식에 있어서 SMS 방식과 구매자가 지정된 전화번호로 전화를 건 후 승인번호를 부여받아 입력하는 ARS(Automatic Response System) 방식이 사용되고 있다. 이 경우 모바일 지급결제 서비스 업체는 이동통신업체를 통해 인증절차를 거치게 된다.

모바일이체 및 결제에서의 서비스 과정에서는 실질적인 서비스 주체가 무선 인터넷 지급결제 전문 업체이지만 이동통신업체의 결제지급 시스템에 의존도가 매우 높은 것이 특징이다. 또한 휴대폰을 이용한 지급결제 시스템의 경우 기존 선불카드 방식이나 지로, 무통장 이체에 비해서 결제가 편리하며 문제점 발생이 최소라는 장점을 가지고 있다. 반면에 이러한 휴대폰 이체 및 결제는 보안이 취약하다는 단점이 있다. 따라서 단순한 보안 인증 절차 때문에 모바일이체 및 결제에서는 소액의 결제에 많이 이용된다.

제2절 e - 커머스 지불시스템의 안전관리와 절차

1. 안전관리 개요

e - 커머스 지불시스템은 지불 시 사용되는 매체인 각종 카드, 전자화폐, 온라인이체를 위한 각종 장비인 PC와 VAN 단말기 또는 무선망을 이용하는 모바일 뱅킹용 핸드폰이나 PDA 등의 단말기가 사용된다. 이러한 여러 단말기마다 특성에 맞는 보안시스템이 갖추어져야 하는데 외부의 불량 사용자가 임의로 안전관리시스템을 파괴하는 해킹이나 바이러스 침투 또 정보를 취득해 가려는 행위로부터의 방어와 이러한 사고가 발생하지 않도록 제도적인 장치를 하여야 한다.

지불결제에 필요한 프로세스별 안전대책인 인증기술, 스팸메일의 대응기술, 지식재산권을 보호하는 기술, 정당하지 않은 사용자가 침입방지를 위한 각종 하드웨어, 소프트웨어의 방어벽과 부정사용자가 침입했을 때 메인서버, 통신장치, 클라이언트 장비에서 방어나 파일의 암호화에 의한 유출방지 기술 등 모든 안전관리에 도움이 되는 시스템의 설치는 모두 안전관리의 범위에 포함해야 한다.

2. e-커머스 지불시스템의 표준화

최근 월드와이드웹의 등장과 더불어 인터넷 사용자가 폭발적으로 증가하고 인터넷을 통한 e-커머스가 널리 확산되고 있다. 네트워크를 통한 상거래가 활발해지면서 다양한 형태의 e-커머스 지불시스템의 프로토콜이 설계되고, 이를 기반으로 한 전자화폐 시스템이 여러 업체에서 서비스되고 있지만 아직까지는 널리 보편화되지 않은 상태이다.

최근 개인 간 및 기업 간 e-커머스 규모의 성장이 높아지면서, e-커머스 지불의 확산을 위하여 전자지불시스템의 프로토콜 표준화에 따른 문제를 검토하는 일은 매우 중요하다. e-커머스의 전자지급결제 시스템에서 발생하는 부정거래에 대한 문제들을 해결하고 안전한 전자지불시스템을 구현을 위해 암호기술 측면 등 기술적 표준화가 필요하게 되었다.

1) e-커머스 지불시스템에서 사용하는 매체 및 단말기의 표준화

전자지불시스템에서 사용하고 있는 선불·직불·후불카드의 표준화, 전자화폐의 표준화, PC나 각종 VAN 단말기의 표준화, 핸드폰이나 PDA 등의 지불결제 소프트웨어의 표준화 등이 필요하며 각 통신단말기간의 지불 전송 메시지를 전송하는 메시지의 표준화, 지급결제 조직에서 사용하는 각종 데이터의 표준화가 이루어져야 한다.

2) 선불 · 후불 · 직불 카드

현재 사용하는 카드는 마그네틱 스트라이브와 IC칩을 내장한 카드로 구분할 수 있는데 마그네틱 스트라이브는 ISO규격으로 통일하며 카드의 비밀번호는 카드를 발행한 회사의 서버에 보관하여 사용자가 이용 시마다 저장된 비밀번호와 일치하는지를 점검 하도록 한다.

IC칩을 내장한 카드도 IC카드 규격의 통일화와 IC카드에 저장해야 할 데이터의 종류와 보관 데이터 크기도 표준화하고 IC카드 칩 사용을 위한 보안 알고리즘도 우리나라 국정원이 허가한 SET, SEED 등의 표준화된 알고리즘을 사용하여야 한다.

카드를 처리해 주는 프로세스도 우리나라 금융기관이 표준화한 프로세스에 맞도록 하여 전국이 하나의 표준화된 시스템이 되어야 경제적인 부분과 안전관리 체제가 일원화될 수 있다.

3) 전자화폐

다양한 기관 및 업체들이 전자화폐를 개발하고 있으나 이 사업이 일정한 기준 없이 사업자별로 각각 추진될 경우 전자화폐 간의 호환이 되지 않아 카드단말기 등의 인프라 장비가 중복 투자되고 소비자도 이용하는 데 큰 불편을 겪게 된다.

4) 모바일(핸드폰, PDA)

개인전용 휴대형 단말기의 사용의 이점은 장소에 구애받지 않는 편재성(Ubiquity), 단말기의 사용에 따라 타인의 접근을 차단하기가 용이한 보안성(Security), 소형의 간편한 통신기기를 활용하는 편리성(Convenience), 사용자의 위치정보를 파악하고 활용하는 지역성(Localization), 사용자별로 서비스 특화가 가능한 개인성(Personality)이 있다.

그러나 이동통신사마다 서로 다른 응용 프로그램의 플랫폼, 표준화된 보안인증 체계의 미비, 폐쇄적인 무선인터넷망의 운용 등 아직 해결해야 할 과제가 산적해 있다. 현재 3세대 이동통신부터 휴대폰에 법용가입자식별모듈(USIM) 카드가 장착이 되어 은행에서 별도로 칩을 발부받지 않아도 뱅킹, 카드, 증권 등 다양한 서비스를 USIM 하나로 해결할 수 있다. 이러한 표준화가 점점 확대됨으로써 표준화의 기반을 구축해야 한다.

3. 전자지급시스템의 프로세스 표준화

전자지급시스템 프로세스의 표준화가 필요한 이유는 지급결제 시 호환성의 향상, 생산성 및 품질의 향성을 목적으로 방법과 절차, 규격 등을 약속해 놓은 것을 의미하다. 반면 표준화는 재화나 서비스의 다양성을 제약하고 기술혁신을 제약할 가능성이 있다. 또한 표준설정에 대한 과도한 경쟁으로 표준결정이 지체될 가능성이 있으며 표준화가 가격담합 등 경쟁을 제한하는 수단으로 이용될 우려가 있으므로 충분히 고려해야 할 사항이다.

프로세스는 단순히 Reference process 저장과 Knowledge base의 의미를 떠나서 전자지급결제의 정보흐름을 제어한다는 의미에서 e - 커머스 구현에 핵심적인 역할을 담당한다. 근래의 많은 선진 단체들이 이에 주목하고 프로세스의 표준화에 나서고 있다. 예를 들어 거래 양방 간의 단순 문서 정보만이 아니고 정보가 전달될 때까지의 흐름 정보 자체가 상거래의 주요 내용이 되는 것이다. 이를 위해 기업 간 거래 프로세스 및 산업 간 거래 프로세스의 표준화 등 별도로 표준화가 이루어져야 하고, 기업 간 거래시스템과 기업내부 정보시스템 간의 프로세스 통합을 위한 지침을 마련하고 기업과 기업 간의 프로세스에 대한 통합 방법론의 연구가 추진되어야 한다.

4. e-커머스 지불시스템의 안전관리 방법

신용카드 기반 전자지불시스템은 카드 및 카드소유자, 인터넷 쇼핑몰, 카드발행사 및 매입사로 구성되어 있다. 카드소유자는 카드를 소유하고 카드소유자 본인임을 확인하는 인증 과정을 통해 전자지불을 수행하는 역할을 한다.

e-커머스에서는 구매거래 시 카드 인증 및 카드소유자 인증을 요청하여 거래승인을 받은 후 물품을 카드소유자에게 제공하는 역할을 한다. 카드발행사와 매입사는 카드를 발급, 카드소유자 및 카드 인증, 지불거래를 승인하는 역할을 한다. 만일 공인인증서를 사용하여 카드소유자 인증을 한다면 공인인증서를 발급하고 확인하는 공인인증기관의 안전관리도 추가적으로 요구된다.

1) 전자화폐 및 카드

(1) 전자화폐에 대한 기능 제한

전자화폐의 익명성과 원격지에서도 신속한 자금이체가 가능한 편리성이 자금세탁, 세금포탈, 불법도박의 범죄 악용에 남용될 수 있다. 따라서 전자화폐의 가치이전 및 익명성을 허용할 것인가 하는 문제에 대한 규정이 필요하다. 현재 유럽이나 미국 등 기존 전자화폐 발행국가들은 모두 전자화폐의 익명성을 보장하면서, 각 전자화폐의 한도를 일정 수준으로 제한하는 방법을 사용하고 있다. 이는 악용될 수단을 방지하는 반면 일반화폐와 같이 익명성을 보장할 수 있기 때문이다.

(2) 전자화폐의 안전성
① 위·변조

위·변조된 전자화폐 또는 위법으로 취득한 전자화폐를 사용하는 것을 감지하는 법적인 제도 마련이 필요하다. 한국은행권 지폐나 주화의 위조에 대해 한국은행이 책임을 지지 않는 것과 마찬가지로 위조된 전자화폐를 발행자가 책임지지 않을 수 있다. 부정전자화폐는 발행자 이외의 자가 부정하게 생성한 데이터에 불과하기 때문이다. 이 문제는 신뢰성 확보와 크게 관련이 있고 전자화폐가 아직 국내에서 널리 사용되지 못하고, 사용자에게 널리 인식되지 못하였다는 점을 고려할 때 위조전자화폐에 대한 우려는 이의 사용 확대에 커다란 장해요인이 될 수 있다.

따라서 적어도 단기적으로는 전자화폐 발생기관이 위조전자화폐에 대한 책임을 갖는 것이 타당한 방법이라 할 수 있다. 한편 이러한 문제의 해결은 시장에서 해결할 수 있다. 감독기관이 이에 대한 규제를 제정하지 않더라도 전자화폐 발행기관이 전자화폐에 대한 신뢰성 확보를 위하여 이를 제정할 수 있기 때문이다.

② 분실·도난 선의취득

전자화폐를 분실·도난당했을 때 현금과 같이 이용자가 이 손해를 책임지도록 하되 파손된 경우 잔액을 추정하여 이용자가 발행자에게 실비에 해당하는 수수료를 지급하고 전자화폐의 재교부를 의뢰할 수 있도록 할 필요가 있다.

(3) 카드의 안전성
① 카드소유자와 카드회사의 안전관리 요구사항

카드소유자는 신용카드 기반 전자 지불 부정거래 발생 시, 가장 직접적인 피해를 입게 되는 구성 객체이기 때문에 부정거래가 발생하지 않도록 각별히 유의를 해야 한다. 그러나 실제로 전자지불시스템의 안전성 확보를 위해 패스워드 및 카드의 안전한 관리 외에는 카드소유자가 기술적으로 처리할 수 있는 사항은 많지 않다. 대신 카드소유자가 안전한 전자지불시스템을 사용할 수 있고, 사용자의 부주의나 이해부족으로 문제가 발생하지 않도록 안전의식을 강화해야 한다.

전자지불시스템은 기술적인 부분이 많기 때문에 일반 사용자가 이해하기 쉬운 적절한 가이드와 홍보가 필요하다. 또한 카드소유자는 전자지불결제를

하기 전에 반드시 자신이 사용하고 있는 전자지불시스템에 대한 보안내용을
확인하고 구매를 원하는 인터넷 쇼핑몰, 사용하는 신용카드의 카드발행사
웹페이지에 대한 신뢰성을 확인할 수 있도록 인터넷 쇼핑몰, 카드발행사 등
에서 관련 정보를 제공해야 한다. 카드이용 시 안전관리사항을 정리해 보면
다음과 같다.

    ㉠ 구매를 원하는 인터넷 쇼핑몰, 신용카드를 발급한 카드발생사 웹페이
       지에 대한 신뢰성을 확인해야 한다.

    ㉡ 구매를 원하는 인터넷 쇼핑몰, 카드발생사의 이용자 약관을 반드시 참
       고하여 전자결제에 따른 소비자의 책임과 권한 및 보상범위에 대한
       사항을 확인해야 한다.

    ㉢ 전자결제 시 이용자의 동의를 구하는 경우 반드시 내용을 읽어 보고
       정확한 답변을 제시해야 한다.

    ㉣ 카드발생사에 대한 카드소유자 인증을 위한 자신의 인증 패스워드를
       안전하게 생성, 관리하도록 카드소유자가 기본적으로 숙지해야 할 유
       의사항을 준수해야 한다.

    ㉤ 카드소유자 인증 시 공인인증서를 사용하는 경우에는 거래를 수행하
       기 전에 공인인증기관으로부터 공인인증서를 발급받아야 한다.

     - 공인인증서 이용자는 공인인증서 저장매체를 선택해서 저장해야 하
       고, 이용자가 공인인증서를 발급받은 PC와 다른 PC에서 공인인증서
       를 사용하고자 하는 경우에는 안전한 스마트카드 등의 이동식 저장매
       체에 공인인증서를 저장할 것을 권고한다.

     - 저장된 공인인증서의 사용을 위한 인증서암호는 이용자가 안전하게
       선택하고 관리해야 한다.

    ㉥ 인증 패스워드와 인증서 암호를 둘 다 사용하는 경우에는 서로 연관
       되지 않도록 선택하여 사용해야 한다.

    ㉦ 카드소유자의 인증 패스워드, 인증서 패스워드는 사용자가 직접 생성
       해야 하고 카드소유자가 원하는 경우 쉽게 변경할 수 있어야 한다.

    ㉧ 카드소유자가 사용하는 개인 PC의 웹브라우저를 통해 전송되는 개인

정보(카드정보, 인증정보 등) 및 구매와 관련된 중요 정보는 기밀성과 무결성이 보장되어야 한다.

ⓩ 카드소유자는 자신이 구매한 최종 주문정보 및 결제정보를 확인하고, 분쟁의 가능성에 대비하여 결제정보 및 영수증은 저장 또는 출력 후 보관할 것을 권장한다.

② 인터넷 쇼핑몰의 안전관리 요구사항

인터넷 쇼핑몰은 카드소유자가 물품을 구입하기 위해 인터넷을 통해 접속한 전자적 상점이다. 인터넷 쇼핑몰은 인터넷 쇼핑몰의 신뢰성 및 합법성을 위해 공신력 있는 기관의 보안·인증마크를 획득하는 것이 바람직하다.

국내에서는 한국전자거래진흥원 또는 한국정보통신산업협회 등에서 보안·인증 심사를 통하여 인증마크(e-trust, I-safe 등)를 부여함으로써 인터넷 상점의 안전성, 신뢰성을 제고하기 위한 환경을 제공하고 있다. 안전성 측면에서 인터넷 쇼핑몰이 기본적으로 제공해야 하는 요구사항은 다음과 같다.

㉠ 전송정보의 안정성 확보
 - 인터넷 쇼핑몰과 통신하는 모든 객체 사이의 안전한 통신 채널을 형성할 수 있는 보안서버를 운영해야 한다.
㉡ 안전한 전자지불시스템의 채택
 - 안정성 및 안정성이 객관적으로 검증된 전자지불시스템을 채택해야 한다. 특히 안전한 전자지불시스템은 물품구입 시 카드 인증 및 카드소유자 인증과정을 반드시 수행해야 하며 전송되는 카드소유자의 주문·지불 정보 및 개인 정보가 유출되지 않도록 카드발생사에 암호화하여 전송하고, 전송되는 데이터에 대한 무결성 및 인증에 대한 검증을 할 수 있도록 해야 한다.
㉢ 안전하고 신뢰할 수 있는 서버 DB 관리
 - 물품 구입 시 전송된 카드소유자의 주문 정보 및 지불 정보는 정산이나 이익신청 등을 위해서 필요한 정보만 인터넷 쇼핑몰 서버 DB에

저장해야 한다. 단 저장된 카드소유자 구매정보에 대한 무결성이 제
공되어야 하며 구매정보가 저장된 서버 DB를 허가받지 않는 자가 접
근하지 못하도록 안전하게 관리되어야 한다.

- 카드소유자의 민감한 개인정보나 카드 인증을 위한 비밀정보는 인터
넷 쇼핑몰 서버 DB에 저장되지 않도록 해야 한다.

ㄹ 사용자 확인 기능 제공

- 물품구매를 위해 입력한 구매정보가 올바르게 입력되었는지 카드소유
자가 확인하도록 해야 한다.

- 물품구입에 대한 지급결제 후 인터넷 상점은 카드소유자에게 상호명
이 기입된 전자영수증을 발행함으로써 지급결제 내역을 통지하고 카
드소유자가 확인할 수 있도록 해야 한다.

ㅁ 인터넷 쇼핑몰에서 채택하는 전자지불시스템 관련 정보 제공

- 인터넷 쇼핑몰이 채택하는 전자지불시스템에 대한 사용방법에 대한
정보를 제공해야 한다.

ㅂ 인터넷 쇼핑몰이 채택하는 전자지불시스템 사용 시, 소비자의 권한과
책임에 대해서 소비자가 알 수 있도록 약관에 명시해야 한다.

- 보안패치 설치 등의 보안 관련 사용자 업데이트 및 새로운 서비스의
사용방법에 대한 정확한 사용자 공지를 통해 안전한 전자지불시스템
을 안정적으로 사용할 수 있는 환경을 제공해야 한다.

(4) 카드발행사의 안전관리 요구사항

카드발생사는 카드발행, 카드인증 및 카드소유자 인증을 한 후 최종적인
거래승인을 한다. 카드인증 및 카드소유자 인증은 신용카드를 이용하여 전
자지불을 할 경우 합법적으로 발행된 카드라는 사실과 그 카드의 실제 주인
이라는 것을 확인하기 위한 과정이다. 신용카드 전자결제시스템에서 인증모
듈의 구현은 카드소유자가 인터넷 쇼핑몰이 제공하는 PG를 통해 카드발행
사와의 통신을 통해 수행한다.

전자결제 서비스의 부정거래에 대한 책임은 대부분 카드발행사에 있고 카

드소유자 및 카드에 대한 모든 비밀정보를 카드발행사의 DB서버에 보관하고 있기 때문에 카드발행사는 안전한 전자지불시스템을 선택하고 구현하는 가장 핵심적인 주체가 된다. 실제로 안심클릭 서비스에서 채택하는 3-D Secure 전자지불시스템도 Visa카드사 등에서 개발하여 사용하고 있다. 거래발생 후 즉시 사용자 핸드폰이나 PC에 거래발생 내용을 통보해 주어 카드사용 당사자가 확인하게 해 주는 것도 안전관리의 한 방법이다.

2) 전자이체

(1) 온라인이체

구매자의 본인 인증을 강화하고 트랜잭션의 처리량을 줄이는 방법으로 인증시스템을 개선함으로써 안전관리를 수행한다.

① 모바일이체

현재 국내에서는 많은 소액결제 방법으로 이루어지고 있는 모바일이체 방법은 그 간편성과 정산방법의 용이성이 있으나 보안 부분에서는 상당한 취약성을 가지고 있는 구조이다. 먼저 보안의 기본요소인 인증(본인확인), 기밀성, 부인방지가 어렵고 단지 인터넷 입력창에 핸드폰 번호 입력과 이 입력된 핸드폰으로 날아오는 인증번호만 알고 있으면 결제가 이루어지는 구조이다. 이러한 사유로 부정사용이 쉽게 일어날 수 있다. 이러한 방지책의 하나로 은닉서명의 프로토콜을 제한할 수 있다.

은닉서닝 프로토콜은 서명사가 제공사의 메시지를 볼 수 없는 상태라서 그것에 대해 서명을 해 주며, 제공자에게는 자신이 원하는 메시지에 서명을 받을 수 있게 해 주는 역할을 수행한다. 이것은 제공자와 사용자의 관계에서의 사용자의 프라이버시에 대한 정보 노출을 감출 수 있는 방법의 하나이다. 그리고 개인의 부인방지, 인증번호만 알고 있으면 결제가 일어나는 부분의 부정사용을 줄이기 위한 온라인 계좌이체 형식의 하나인 공개키·개인키를 모바일에 적합한 가벼운 알고리즘의 개발을 통하여 부정사용을 방지할 수 있다.

5. e - 커머스 지불결제시스템의 문제점과 안전대책

1) e - 커머스 지불결제시스템의 유형별 문제점

(1) 전자화폐 및 전자수표기반 지불시스템

전자화폐와 전자수표를 사용할 때의 문제점을 점검해 보면 다음과 같다.

① 전자화폐를 이용할 때마다 진위 및 이중 사용 여부를 고객 거래은행에 의뢰하여 체크해야 하므로 시간이 많이 소요되며 Peak 시간대에는 통신 접속이 어려워 장시간 대기해야 한다.

② 전자화폐의 익명성과 원격지에서도 신속한 자금이체가 가능한 편리성이 있지만 자금세탁, 세금포탈, 불법도박 등의 범죄에 악용될 우려가 높다.

③ 위·변조 방지를 위하여 많은 비용이 소요되어 이용수수료가 높다.

④ 거래내역 추적이 불가능하여 탈세, 자금의 해외도피 등의 수단으로 악용될 우려가 있다.

⑤ 교환·결제에 소요되는 시간이 짧아 은행의 부유자금(Float) 운용일수가 대폭 단축(미국의 경우 5일 이상 ⇨ 2일)되어 은행의 경영악화 요인으로 작용될 수 있다.

⑥ 수표의 경우 여타 지급결제수단에 비하여 금액이 커 범죄의 표적이 될 가능성이 높다.

⑦ 여타 지급결제수단에 비하여 수수료가 높다.

(2) 신용카드기 및 전자이체 지불시스템

신용카드기반 및 전자이체 지불시스템의 이용 시 보안상 문제점을 정리해 보면 다음과 같다.

① 암호화를 위한 별도의 프로그램을 사용하지 않아 신용카드 정보가 쉽게 유출될 우려가 있다.

② 판매자가 고객의 정보를 파악할 수 있으면 제삼자에게 동 정보를 유출시킬 수 있어 개인의 프라이버시가 침해될 수 있다.

③ 인터넷상에서 제삼자가 신용카드 정보를 쉽게 가로챌 우려가 있다.

④ 결제정보를 입력·전달시 운영체제와 네트워크 환경에서 결제정보가 전달하는지에 대한 여부가 개인 PC의 보안의 설정에 따라 문제점을 안고 있다.

⑤ 일반적으로 ISP(Internet Service Provider)를 사용하므로 보안침해에 대한 위험성과 바이러스에 대한 유출 우려도 높다.

⑥ 전자이체의 경우 해당 은행으로부터 보안카드 및 전자 칩을 부여받아야 하는 번거로움이 있다.

⑦ 전자이체의 모바일뱅킹의 경우 접속건당 통화료의 발생과 서비스 확장의 어려움의 단점을 가지고 있다.

2) e-커머스 지불결제 미디어별 안전대책

(1) 전자화폐 및 수표

전자화폐 지불에서는 신뢰할 수 있는 방법으로 각 개인의 신원을 온라인으로 증명하는 방법이 요구된다. 전자화폐·수표의 안전을 확보하기 위해서는 다음과 같은 항목에 관한 부분이 체크되어야 한다.

① 디지털 정보의 독립성

완전하세 디지털로만 실현되는 것을 의미하고 컴퓨터를 매개체로 인터넷과 같은 네트워크상에서 사용할 수 있기 위해서 다른 물리적인 형태에 의존하는 것이 아니라 디지털 데이터 자체로서 완벽한 화폐가치를 가지게 하여야 한다. 화폐의 정당성을 인증받기 위한 은행의 서명, 복사방지를 위한 기술 등과 같은 모든 조건을 디지털 데이터 조작만으로 만족시켜야 한다.

② 재사용 불가능성 – 보안성(Security)

복사, 위·변조로 인한 부정사용을 할 수 없도록 하여야 한다. 화폐 발행자들은 부정한 조작이 불가능한 위·변조 방지형 마이크로칩으로 안전장치를 내장하고 고성능 암호처리 프로토콜의 설치 등 정교한 위·변조 방지 장치를 개발하여 장착해야 한다.

③ 익명성

이용자의 구매정보 및 신상정보에 관한 프라이버시가 상점과 은행이 결탁을 해도 누출이 되지 말아야 한다. 이러한 사고의 피해를 막기 위해서 이중 암호화를 수행하게 되면 PG사에서도 구매자의 계좌정보를 전혀 알 수가 없다.

이중암호화의 방식은 구매자가 결제요청을 하게 되면 PG사의 결제창이 구동된다. 구매자와 예금주의 동일여부 확인을 위해 공인인증서로 본인 인증을 수행한 다음 결제창에서 구매자가 입력한 이체정보와 전자서명값을 은행의 공개키로 암호화한 후에 다시 PG사의 공개키로 암호화를 수행한다. 이중암호화 된 정보를 PG사 서버에서 PG사의 개인키로 복호화한 후에 은행키로 암호화한 상태로 은행으로 전송한다.

④ 부정사용자의 익명성 취소

전자화폐는 데이터가 디지털로 저장되기 때문에 화폐의 양에 관계없이 작은 자료로 많은 화폐가치를 가질 수 있다. 따라서 세금 및 거래 관계에 관한 기록을 회피하거나 돈 세탁 등의 부정한 방법에 악용될 가능성이 많으므로 자금 이체 시 은행을 경유하지 않는 경우의 불법적인 사용에 관한 제도 및 법률적 정비가 필요하다.

(2) 선불·후불·직불카드

최근 들어 개인 PC에 대한 해킹과 바이러스 및 웜의 위협이 많이 발생되고 있으므로 다양한 개인 방화벽 시스템과 개인 보안 솔루션이 개발되고 있다. 이러한 개인 방화벽의 설치와 백신을 통한 바이러스로부터의 위협요소 제거, 개인정보 유출의 심각성을 인지하여 자신의 결제정보가 외부로 유출되는 것을 막아야 한다.

각 사용자의 브라우저의 보안 패치를 정기적으로 업데이트를 실행시켜 주어야 한다. 키보드에 대한 해킹을 대비하여 개인 PC에 해킹탐지솔루션을 설치하여 개인의 카드번호 유출에 대비해야 한다.

(3) 전자이체

개인 PC에 대한 보안은 물론 계좌정보(계좌번호, 계좌비밀번호)의 누출이나 도용에 의한 피해를 방지하기 위하여 사용자 의무를 다한다. 가맹점은 기본적으로 공개키 기반의 서버인증서를 설치하여 전자결제(대행)업체와 상호 인증이 가능하도록 한다.

전자결제업체는 사용자로부터 결제정보를 입력받는 경우 SSL등의 프로토콜을 사용하여 결제정보를 암호화해야 할 것이다. 또한 전자결제업체 및 금융 중개 시스템 제공업체는 방화벽·침입탐지 시스템을 기본으로 갖추고 데이터 보안을 위해 Secure DB를 구축해야 할 것이다.

보안에 취약한 Windows 계열의 서버를 사용하는 경우 수시로 보안패치를 해 주고 보안정책을 수립한다. 금융기관은 사용자인증의 주체가 되어 사용자 인증을 수행하므로 사용자 정보에 대한 보안이 필요하다. 또한 계좌비밀번호를 사용한 사용자 인증 이외에 이체비밀번호나 공인인증서 등의 추가적인 인증방식을 도입함으로써 사용자 인증을 강화해야 한다.

3) e-커머스 지불결제 유형별 안전대책

(1) 전자화폐 및 수표

전자화폐는 2가지 종류(IC카드형, 네트워크형) 모두 비밀번호를 가지고 결제를 할 수 있도록 한다. 사용자는 온라인 쇼핑몰에서 구매정보를 입력 후 전자결제업체가 제공하는 결제페이지에 결제정보를 입력·전달한다. 네트워크형의 경우, 아이디와 비밀번호가 유출되었을 경우 불법적인 사용이 가능하기 때문에 공개키 기반의 서버인증서를 설치하여 전자결제업체와 상호 인증이 가능하도록 해야 한다.

또한 결제정보를 입력받는 경우 SSL등을 사용하여 결제 정보를 암호화해야 하고, 전자결제업체는 방화벽·침입탐지 시스템을 기본으로 갖추고 데이터 보안을 위해 Secure DB를 구축해야 한다. 또한 보안에 취약한 Windows 계열의 서버를 사용하는 경우에는 수시로 보안패치를 해 주고 보안정책을 수립해야 한다.

(2) 선불·후불·직불카드

사용자와 쇼핑몰 사이에서는 사용자가 전자결제(대행)업체의 결제페이지와 직접 연동이 되어 있는 경우에는 데이터 전송 시 SSL을 사용하여 128비트 암호화를 제공하고 쇼핑몰이 결제정보를 입력받는 경우에는 전자결제(대행)업체가 제공한 암호 알고리즘 또는 자체의 암호 알고리즘을 사용하여 결제정보 및 데이터에 대한 기밀성을 유지해야 한다.

쇼핑몰과 PG사 사이에는 PKI(RSA 1024bit, SEED 128bit)나 128bit SSL 방식을 사용하여 클라이언트에 대한 서버인증, 무결성 검사, 압축 및 암호화를 제공한다. SSL 프로토콜은 공개키 인증서 기반 인증방식을 사용하며, 3가지 인증모드(익명모드, 서버인증모드, 클라이언트 - 서버 인증모드)를 지원하고 암호화 알고리즘을 선택적으로 사용할 수 있다. 여기서의 인증은 사용자에 대한 인증이 아니라 가맹점 서버와 전자결제서버의 인증을 의미한다.

고객이 인터넷상에서 물품구매 신청서 작성 후 신용카드 정보(보통 카드번호 및 만료일) 등을 판매자에게 전송한다. 이러한 고객이 물품구매 신청서를 작성할 때 키보드 해킹 등의 위험요소에 노출되어 있기 때문에 이러한 해킹에 대한 방지부분을 고려해야 하며 판매자는 기존의 신용카드거래 승인방법과 동일한 방법으로 신용카드 처리기관을 경유하여 신용카드사에 카드거래 승인을 요청한다. 사용자의 PC에서 신용카드사 또는 판매자에게 정보전송을 할 경우 네트워크상에 노출이 되어 있기 때문에 네트워크 보안에 대한 부분을 체크해야 한다.

신용카드사는 신용카드 처리기관을 경유하여 판매자에게 신용카드 거래승인을 통지하고 판매자는 인터넷상에서 물품구매 및 카드거래 승인내역을 고객에게 전송한다. 승인내역의 결과를 고객에게 전송함에 있어서 개인의 신상정보를 제외한 기본적인 주문거래의 내역만 전송하여 개인신상정보의 노출을 감소시킨다.

(3) 전자이체

전자이체의 프로세스에서의 안전대책 부분에는 고객이 상품의 주문에서 쇼핑몰에 결제지급을 하기 위한 개인정보 입력 시 개인정보보호와 은행과 쇼핑몰 사이에서의 결제흐름에 대한 안전대책이 필요하다. 이러한 개인정보보호를 하기 위하여 인증시스템이 필요로 하는데 인증의 실행의 관점에서 서비스별 인증, 대상별 인증으로 분류할 수 있다.

① 서비스별 인증

SSL 암호프로토콜에서 이루어지는 인증과 SSL 암호프로토콜과는 별도로 자금이체 등 개별 서비스에서 이루어지는 인증이 있다. 고객이 공인인증서를 사용하여 SSL 암호프로토콜에서 고객인증을 수행하고 SSL 암호프로토콜에 의해 암호통신이 시작된 뒤, 고객으로 하여금 금융기관 웹사이트 내 고객의 정보에 접속할 수 있도록 한다.

암호통신이 시작된 이후의 모든 데이터는 암호화되어 전송되므로 안전한 통신을 할 수 있다.

② 대상별 인증

㉠ 고객인증

고객인증은 고객에게 특정 저장소나 사이트의 자원을 이용할 수 있는 권한을 부여하기 위해 수행된다.

로그인 절차가 고객인증의 사례이고 ID/Password, OPT(One－Time－Password), 생체정보, 공인인증서 등의 수단을 사용하여 고객인증을 하게 된다. 대부분의 고객인증은 실시간으로 인증절차가 행해지기 때문에 인증 당시의 유효성 확인이 가장 중요하다.

고객이 로그인 순간에 제시한 ID/PW, OTP, 생체정보, 공인인증서 등이 유효한지의 여부를 실시간으로 확인한 뒤 금융서비스 이용을 인가하게 된다.

㉡ 메시지 인증

주로 고객이 주문한 주문서인 전자거래 문서나 메시지, 콘텐츠의 인증과 인가되지 않은 방법으로 메시지가 변경될 경우 이를 검출할 수 있도록 무결성의 인증을 위해 사용한다. 메시지 인증에는 전자서명 기술이 대표적이고 전자서명은 공인인증서를 주로 이용한다. 이러한 인증의 절차 후에 결제처리의 안전관리를 위한 장치가 마련되어야 하는데 이러한 보안으로 Escrow 서비스를 고객이 이용하면 안전장치를 마련할 수 있다.

Escrow는 고객이 상품을 구매하고 대금결제 후 사업자가 의도적으로 상품을 보내 주지 않거나 허위 상품을 배달한 상태에서 잠적하게 되면 소비자가 그에 대한 보상을 받을 수 있는 장치이다.

요 약

본 장에서는 e-커머스에서의 지급결제에서 사용하는 각종 지급결제 미디어인 온라인장비, 전자화폐 및 수표, 카드, 모바일 장비들에 대한 특징과 표준화에 관하여 고찰하였고, 미디어별 거래 시 사용할 때의 취약점과 문제점을 정리한 후 안전관리 사항을 정리하였다.

안전관리 사항에 대한 연구는 계속되어야 할 과제이며 특히 e-커머스에서 국제적인 민감한 사항이 많이 발생하고 있어 글로벌거래를 할 때의 안전관리 문제는 별도로 연구되어야 할 것이다.

중요용어

e-커머스 지불시스템   Payment Gateway

Certificate Authority   Digital Wallet

Payment System / Merchant System

Certificate / 선불시스템

직불시스템 / 후불시스템

Reader Equipment / 전자화폐

K - Cash / 전자수표

트랜잭션 / scalability

Kerberos 시스템 / NetCheque

e - Check / ACH

ECP / ISP 방식

SSL 방식 / Escrow Service

기밀성 / 무결성

e - trust / I - safe

안심클릭 서비스 / ISP(Internet Service Provider)

Secure DB / OPT(One - Time - Password)

토론질문

1. e - 커머스 결제시스템이란 무엇인가?

2. e - 커머스 결제시스템의 표준화가 왜 중요한가에 대해 설명해 보자.

3. e - 커머스 결제시스템의 유형별 특징에 대해 비교 설명해 보자.

4. e - 커머스 결제시스템의 유형별 취약점과 문제점에 대해 설명해 보자.

5. e - 커머스 결제시스템의 안전관리를 위한 효과적인 방법에는 어떤 것이 있는지 설명해 보자

6. SSL장점과 단점에 대해 설명해 보자.

참고문헌

행정자치부, 공공기관의 개인정보보호에 관한 법률(일부개정 1999. 1. 29, 법률 제5715호), 1999. 1.

이기헌,『전자화폐 이용실태 및 개선방안』, 한국소비자 보호원, 2000.

『전자상거래와 e-비지니스』, (주)쓰리엠 테크, 2001. 2.

전자상거래 표준화 포럼, "전자상거래 표준화 로드맵 2001", 2001. 04.

금융결제원, "기업 간 전자상거래 지급결제시스템 구축 추진계획", 2001.

구정숙, "전자지급결제 활성화 방안에 관한 연구", 동의대 경영대학원, 2002.

"전자금융 현황 및 정보보호 방안", SIS, 2003. 7.

금융결제원,『웹 어플리케이션 보안 보고서』, 2004. 6.

정보통신부, 개인정보의 기술적·관리적 보호조치 기준(정보통신부고시 제2005-18호), 2005. 3.

정보통신부, 정보통신망 이용촉진 및 정보보호 등에 관한 법률 시행령(일부개정 2005. 3. 30, 대통령령 18759호), 2005. 5.

정보통신부·한국정보보호진흥원,『개인정보보호 핸드북』, 2005. 7.

정보통신부·한국정보보호진흥원,『개인정보보호지침 해설서』, 2005. 7.

한국정보보호진흥원,『2005년 개인정보보호백서』, 2005. 10.

『인터넷 윤리』, (주)이한 출판사, 2006. 2.

"지급결제동향 2006년 1/4분기", 한국은행, 2006. 6.

"2006년 9월 말 국내 인터넷뱅킹서비스 이용현황", 한국은행, 2006. 11.

"전자금융거래의 보안강화방안 및 OPT(One Time Password) 이용현황",「지급결제와 정보기술」, 제24호, 2006. 4.

http://www.kosis.kr 국가통계포털

송유진·주재훈,『전자화폐-전자상거래 보안응용』, 동국대학교출판부.

제3장

전자서명과 인증이란 무엇인가?

학습목표

본 장을 학습한 후에 다음 사항을 이해하고 설명할 수 있어야 한다.

- 전자서명과 인증을 정의하고 설명한다.
- 공개키 암호방식과 기반구조를 정의하고 설명한다.
- 전자서명과 인증이 필요한 이유를 설명한다.
- 전자서명 인증제도의 새로운 경향을 설명한다.
- 전자서명 인증제도가 전자상거래에서 중요한 이유를 설명한다.

◆ 본 장의 개요

　본 장에서는 전자상거래 환경에서의 전자서명과 인증에 관한 여러 논문과 서적에 대해 검토한다. 이론적 고찰로서 전자서명과 인증의 개념, 정의, 성립, 인증방식, 전자서명 인증 제도를 소개하고 정의한다.
　또 NPKI와 GPKI를 검토하는 과정에서 상호연동방식의 가능성에 대해 검토하고 전자서명의 기술적 보안과 과제는 무엇인가를 설명한다.

제1절 전자서명과 인증의 개념

1. 전자서명의 개념

　전자거래에서 거래당사자 간에 교환되는 데이터 메시지는 원본과 사본을 실질적으로 구분하는 것이 매우 곤란하다. 또한 데이터 메시지는 컴퓨터 네트워크를 통하여 송·수신되기 때문에 그 과정에서 제삼자에 의해서 도난과 위조 그리고 변조, 사기, 부인(Repudiation)의 가능성이 상당히 높을 수 있다. 이에 따라 전자거래도 서면거래와 동일하게 서명 기능을 대신하는 기술적 보완 장치가 개발되어 이용되고 있는 것이 전자서명이라고 할 수 있다.

　전자서명이란 컴퓨터 네트워크상에서 인증을 확보하기 위한 기술의 하나로서 그 이름대로 종래의 서명날인과 같은 기능을 실현하는 것을 목적으로 한다. 이러한 전자서명의 개념은 각국의 법률 및 문헌에서 일률적으로 규정하고 있지 않기 때문에 통일적인 개념 정의가 어려우나, UNCITRAL 전자서명 모델법에 의하면 전자서명이란 데이터 메시지와 관련하여 서명자를 확인하고 당해 데이터 메시지에 포함된 정보에 대한 서명자의 승인을 나타내는 데 이용될 수 있는 데이터 메시지에 포함, 첨부 혹은 논리적으로 결합된 전자적 형태의 데이터를 말한다.

이는 수기서명 또는 날인의 전자적인 대체물로서 펜 대신에 컴퓨터를 매개로 하여 생성되는 정보라 할 수 있다. 즉 전자서명은 기술 중립적 입장에서 전자적 수단에 의한 서명 중 전자문서의 진정성과 무결성 등을 확실하게 보장할 수 있는 추상적, 논리적 개념의 총칭에 불과하므로 그 자체로서 어떠한 기술적 구조를 내포하기보다는 향후 이를 충족시키는 새로운 기술이 나타날 경우 이를 전자서명의 범주에 포함시킬 수 있는가의 여부를 결정하는 기준으로 작용하는 데 의의가 있을 뿐이다.

우리나라의 전자거래기본법은 전자서명의 정의(제2조 5항)에 대하여 "전자문서를 작성한 작성자의 신원과 당해 전자문서가 그 작성자에 의하여 작성되었음을 나타내는 전자적 형태의 서명"이라고 정의하고 있다. 미국의 통일상법전(UCC)에서는 서명이란 문서의 진정성을 인정할 의도로 당사자가 표시하는 부호라고 정의하여 서명이란 문서에 대한 확인을 위한 의도로 당사자에 의하여 실시되거나 채택된 표시를 의미하고 있다.

전자서명은 일반문서에서의 서명과 동일하게 문서작성자의 신원확인과 의사표시의 진정성을 증명하기 위한 전자적 기법이다. 일반적으로 서류중심의 전통적인 상거래에서는 서명 또는 기명날인에 의해 계약이 성립된다. 서명 및 기명날인은 서명인이 당해 문서에 서명하였다는 인증, 즉 증거능력을 가지고 문서에 대한 서명행위는 서명인 승인 또는 법적 효력을 가진다는 의사표시라 할 수 있으며 거래에 대한 최종결정의 의미를 부과하는 기능을 한다.

그러나 요구되는 인증의 수준이나 기능은 거래형태에 따라 천차만별이고 나양한 인증방법이나 기술이 급속하게 발달하고 있어 이에 관한 국제적 논의도 계속 활발하게 행해지고 있으므로 거래당사자 등이 그 거래형태에 따라 필요한 인증을 자유로이 선택할 수 있도록 하면서 공적관여의 태도를 포함한 인증시스템 전체의 태도에 대해서 계속 검토를 행할 필요가 있다.

1) 전자서명의 성립

전자상거래는 많은 장점을 가지고 있음에도 사용자에게 역기능을 제공할 수 있다는 문제점 때문에 보안 요구사항이 먼저 해결되어야 전자상거래의 활성화를 기대할 수 있다. 전자서명이 성립하기 위해서는 다음과 같은 요구사항을 만족해야 한다.

(1) 인증(Authentication)

인증은 크게 사용자 인증과 메시지 인증으로 구분할 수 있다. 사용자 인증은 원격지에서 접속한 사용자가 정당한 사용자임을 증명하는 것을 말하며, 메시지 인증은 전송된 메시지가 위·변조되지 않았음을 증명하는 것이다. 일반적으로 인증이라 함은 사용자 인증을 말하고 메시지 인증은 무결성으로 대치될 수 있다.

(2) 무결성(Integrity)

무결성은 메시지 인증과 같이 메시지의 변조나 수정 등을 검출할 수 있는 기능을 말한다. 암호문을 함께 보내져 온 문서와 대조해 봄으로써 문서의 위·변조 여부를 판단할 수 있는데, 일반적으로 해쉬함수나 블록암호 등을 사용함으로써 구현 가능하다.

(3) 기밀성(Confidentiality)

기밀성은 전송되는 메시지를 송신자 및 적법한 수신자를 제외한 제삼자에게 노출되거나 이용이 불가능하도록 하는 기능을 말한다.

(4) 부인방지(Non − repudiation)

부인방지는 메시지를 송·수신하는 경우 해당자가 송·수신에 대한 행위의 부인을 방지하는 기능이다.

2. 전자인증의 개념

인터넷을 통한 정보의 전달이나 전자거래가 이루어지는 상대방과 비대면 상태에서 업무를 처리하게 되므로 당사자의 신원확인, 즉 진정서의 확인과 전달되는 데이터의 무결성을 확인하는 절차가 필요하게 되는데 이러한 문제들을 해결하기 위하여 가입자가 인증기관에 자신의 신원을 증명할 수 있는 자료를 제출하여 가입을 하면 인증기관이 전자서명생성키(비밀키)와 가입사실을 증명하는 인증서를 발급한 후 가입자의 거래 상대방에게 가입자의 신원을 확인해 주거나 가입자의 전자서명생성키에 대응하는 전자서명검증키(공개키)를 제공하는 제도가 전자인증제도이다.

즉 전자거래 등에서 대면에 의한 계약체결 등의 경우와 비교해서 본인확인 수단이 부족하므로 전자거래에서는 거래상대방을 확인하기 위한 인증을 어떻게 행하는가가 문제된다. 그 기술적 수단은 다양하지만 현재는 공개키 암호방식을 이용한 디지털 서명을 사용하는 것이 일반적이다. 일반적으로 메시지의 작성자가 자신이 그 발신자임을 나타내기 위한 전자적 데이터를 전자서명이라 부르는데 이 전자서명에 의한 인증을 사용한 제도적 인프라는 현재 세계적으로 급속히 정비되고 있다.

이러한 디지털 서명에서는 디지털 서명이 첨부된 전자적인 데이터의 작성자가 누구인가를 알기 위해서는 그 디지털 서명을 검증하기 위해 사용되는 공개키가 작성자가 사용한 비밀키에 대응하는 것인가를 파악해야 한다. 이러한 공개키와 특정한 자가 결합시키는 정보를 취득하는 방법으로서는 몇 가지가 고려되는데 오픈네트워크에서 불특정한 자와의 사이에서 디지털 서명을 사용한 통신을 행할 때에는 이러한 정보를 제공하는 기관으로서의 신뢰할 수 있는 제삼자(Trusted Third Party: TTP), 즉 인증기관(Certification Authority)의 존재가 필요하다.

인증기관에 의한 공개키의 배포에 있어서는 적어도 배포되는 공개키의 유효성과 당해 공개키와 그 소유자인 특정의 개인과의 동일성을 증명하는 스탬프, 즉 공개키 증명서가 첨부되고 그 공개키 증명서에는 이것을 발행한 인증기관의 공개키 방식에 의한 전자서명이 첨부되는 것에 의해 그 신뢰성이 보증되는 것으로 된다. 이때 인증기관은 사전에 명의자의 동일성 확인을 한 뒤에 공개키를 보관한다. 이 과정을 서명확인(Signature Verification)이라 한다. 여기서 배포되는 공개키의 유효성이라는 것은 인증기관에 공개키를 등록한 후 인증기관이 신청에 기초해 당해 공개키의 등록 말소 유무 즉, 특정한 공개키가 현시점에도 유효한가 아닌가에 관해 증명을 한다는 것이다. 즉 전자인증은 네트워크를 통해서 데이터의 교환을 하고 있는 상대가 진정으로 본인인 것 및 데이터가 변조되어 있지 않다는 것을 확인하기 위한 것이고 전자거래 등의 신뢰성을 확보하는 데 기본적인 요소이다.

그러나 요구되는 인증의 수준이나 기능은 거래형태에 따라 천차만별이고 다양한 인증방법이나 기술이 급속하게 발달하고 있어 이에 관한 국제적 논의도 활발하게 행해지고 있으므로 거래당사자 등이 그 거래형태에 따라 필요한 인증을 자유로이 선택할 수 있도록 하면서 공적관여의 태도를 포함한 인증시스템 전체의 태도에 대해서 계속 검토를 할 필요가 있다.

정부에서는 이러한 전자인증 기술의 발전이나 가이드라인의 자율적인 취급의 촉진과 함께 해외에 법 규제를 도입하는 국가가 있는 경우에도 그것이 필요 최소한이고 또 타국의 인증을 차별적으로 취급함으로써 국제전자거래 등의 장벽이 되지 않도록 움직여야 한다. 그리고 정부는 신뢰할 수 있으며 공정하고 중립적인 국제표준을 확립하는 움직임을 적극적으로 지원해 두어야 하며 상업등기 제도 등 현행거래에서도 인증 등의 용도로 제공되고 있는 공적제도에 기초를 둔 전자인증 제도나 전자공증 제도의 정비에 대해서도 검토가 행해져야 한다. 소위 전자서명에 대해서는 수기서명이나 기명날인과 적어도 동등한 법률효과를 부여해야 하고 관계당사자의 권리의무 및 책임에 관한 기본적인 규칙의 명확화를 포함, 그것을 위한 검토를 진행할 필요가 있다.

1) 전자인증의 방식

컴퓨터 내에서의 데이터는 모두 0과 1이라는 숫자 열로 기술되며 이 숫자로 기술된 데이터를 평문이라고 부른다. 암호기술은 이러한 평문을 일정한 계산식(함수식)에 기초해 변환하는 것과 변형 결과를 원래의 평문으로 재변환하는 것(역함수)을 말한다. 즉 암호기술은 해독할 수 있는 키를 가진 자를 제외하고는 판독하기 힘든 정보를 만드는 과정을 말한다.

변환을 위한 함수를 알고리즘, 변환을 위한 보조변수(파라미터)를 키라 부르며 같은 알고리즘을 사용해도 다른 키나 다른 평문에 대해서는 다른 변형 결과가 나타난다. 즉 알고리즘이 공개되어도 키를 비밀로 해 두면 변형결과를 재변환하는 것이 곤란하므로 이 성질을 이용해서 정보를 비밀로 하는 것이 널리 사용되어 왔다.

전자서명은 이 암호기술을 이용한 인증확보의 방법이다. 중요한 정보의 보호를 위하여 정보를 암호화하고 또 암호화된 정보를 인가된 사용자가 해독하여 정보를 안전하게 활용하는 가장 경제적인 최후의 수단이 되는 현대의 암호기술은 알고리즘에 입력되는 평문과 키를 섞어 암호문을 만들어 내는 것으로 이 키를 모른다면 원래의 정보를 회복할 수 없도록 하며, 반면에 키를 알고 있다면 암호문에서 원래의 정보를 손쉽게 회복할 수 있도록 해준다.

이러한 암호방식은 전자거래에서 보안을 유지하기 위한 방법으로 사용되고 있으며 암호화는 그 자체로도 기밀성 확보 등 보안요건을 충족하지만 한편으로 암호방식은 전자서명을 생성하는 데 유용하게 사용되고 있다.

암호화 방식은 키를 중심으로 분류할 수 있는데 암호화 및 복호화에 동일한 하나의 키를 사용하는 암호방식을 공동키 암호방식이라 하며, 공개키와 비밀키의 두 개의 서로 다른 키를 사용하는 암호방식을 공개키 암호방식이라 한다.

암호기술의 사용목적은 암호방식에 따라 달리 나타난다. 즉 공동키 암호방식은 임의의 길이의 메시지의 암호화, 즉 데이터의 비밀만을 목적으로 하는 네 내해 공개키 암호방식은 짧은 메시시의 데이터의 비밀과 데이터의 신정성과 무결성의 보증, 공동키의 교환 등의 목적으로 사용된다. 이 공개키의 암호방식의 기술에 의해 새로운 인증방식이나 전자거래에 있어서의 각종 응용이 가능하다.

2) 공개키 암호방식

공개키 암호방식이란 페어로 된 비밀키와 공개키와의 세트를 사용하는 방식이다. 공개키 암호방식은 1976년 국가컴퓨터회의에 참석한 스탠포드대학교의 Whiitfield Diffei와 Martin Hellman에 의해 처음으로 발표되었다.

공개키 암호방식은 공동키 암호방식과는 달리 두 개의 키를 이용한다. 즉 개인이 소지한 비밀키(Private Key)와 이에 대응하여 일반에 공개된 공개키(Public Key)가 그것이다. 대표적인 공개키 알고리즘은 RSA와 타원곡선 알고리즘이 있다. 이 암호방식에서는 예를 들면 A가 이 방식을 사용하고자 할 때는 A 고유의 비밀키와 공개키의 페어를 사전에 작성해 두고 비밀키를 A가 자신이 비밀로 관리하고 공개키를 네트워크상에 공개해서 배포해 두므로 송수신자가 비밀키를 공유할 필요가 없다. 즉 모든 통신에서 공개키만이 사용되고 비밀키는 전송되거나 공유되지 않기 때문에 비밀키가 통신 채널에서 도청되거나 누설될 위험이 없다(Aldridge, White, And Forcht 1997, 13).

또한 여기서는 가입자가 n명인 네트워크에서 필요한 키의 수는 2n개이고 실제로 비밀리에 보관해야 할 키의 수는 가입자의 수와 같은 n개이므로 키 관리나 키분배 문제에서 공동키 암호방식보다 뛰어난 장점을 가지고 있다. 즉 이 방식에 의하면 송신당사자의 조합이 변할 때마다 키를 변경할 필요가 없으므로 공동키 암호방식과 비교해서 키의 수는 적어도 충분하게 된다. 또 공개키는 네트워크상에서 자유로이 입수할 수 있어 공동키 암호방식과 같은 수수의 곤란성이라는 문제점도 회피할 수 있다. 다만 공동키 암호방식에 비해 소요되는 시간이 길다는 단점이 있다.

일반적으로 공동키 암호기법은 비교적 암호화와 복호화 속도가 빨라 크기가 큰 데이터의 암호화에 적합한 반면 공개키 암호기법은 사용되는 수학적 계산의 복잡도가 공동키 암호기법보다 크기 때문에 암호화의 속도는 느리지만 안정성이나 응용성에 있어서 매우 효과적이다. 따라서 디지털 서명 또는 각종 인증시스템의 구현에 있어서 공개키 암호기법은 매우 적합한 암호기법이다.

(1) 공개키 기반구조(Public Key Infrastructure)

공개키 기반구조는 사용자가 공개키가 변조되지 않았고 비밀키와 사실상 일치한다는 것 그리고 사용된 암호기술이 양호하다는 신뢰성을 확보하는 데 필요한 다양한 서비스의 인프라이다. 즉 공개키 기반구조(Public Key Infrastructure)에 의해 진정성 확인, 무결성 확인, 부인방지라는 세 가지 주요 목표를 용이하게 달성할 수 있다. 이러한 목표를 달성하기 위한 역할을 다양하게 달성할 수 있다. 이러한 신뢰를 제공하기 위해 공개키 기반구조는 다음과 같은 수많은 서비스를 제공할 수 있다.

디지털 서명을 위해 사용된 암호키의 관리, 공개키 또는 인증서의 안전한 디렉터리의 제공, 유일한 개인 확인 정보와 함께 서명자를 확인할 수 있거나 개인 비밀키를 생성하고 저장할 수 있는 개인 토큰(Token)의 관리, 인증서를 신뢰한 이용자의 확인을 체크하고 서비스 제공과 일시인부서비스 제공 그리고 그러한 기술의 사용이 수반된 경우 기밀암호화를 위해 사용된 암호화키의 관리 등의 서비스를 제공할 수 있다.

PKI에서는 공개키와 비밀키라는 두 개의 키페어를 사용한다. 이들 키페어에는 암호용 키페어와 서명용 키페어가 있다. 결국 네 개의 키를 관리하고 있으며 이 중 암호용 키페어는 인증기관 또는 사용자 측에서 작성되고 하나를 공개키로 해서 인증기관이 서명한 인증서와 함께 인증서 저장고(Repository) 내에 두고 또 하나의 비밀키로 행하여지므로 타인에 의해 이용되지 않도록 하기 위한 것이다. 비밀키에 접근하는 데는 패스워드나 기타의 방법으로 접근통제를 행하며 인증기관도 이 비밀키는 수취하지 않는다. 이와 같이 서명용 비밀키가 항상 본인만의 관리하에서 생성, 저장되고 접근할 수 있는 자를 서명자 한 명으로 하는 것으로 사후 부인을 방지한다.

암호용 키페어 중 복호화할 때에 사용하는 자신의 비밀키가 단 하나밖에 존재하지 않았던 경우 자신의 비밀키로 접근하는 패스워드를 잊거나 비밀키를 저장하고 있는 자기카드들을 분실한 때에는 영원히 복호화할 수 없게 되어 버린다. 그 때문에 암호용 비밀키는 인증기관에 의해 백업이 되고 필요할 때에 복구 작업이 가능해야 한다. 그에 대해 서명용 키페어 중에 서명할 때에 사용하는 비밀키는 상기의 사후부인방지의 이유에서 백업은 취해지지 않는다.

인증서는 Repository에 저장되고 각종 어플리케이션으로부터 이용할 수 있다. Repository란 인증서의 배포를 가능하게 하는 네트워크 서비스를 말한다. 수년간 Repository의 기술로서 가장 우수한 것은 LDAP(Lightweight Directory Access Protocol)에 대응한 X.500 디렉터리 시스템이다. LDAP는 디렉터리 시스템에 접근하기 위한 표준적인 프로토콜을 정하고 있다. 최근 ITU – T의 X.509가 발행되어 있다.

공개키 암호기술은 비밀키와 공개키를 이용하는 기술로서 전자서명, 암호화 등의 보안이 필요한 분야에 널리 이용되고 있다. 여기서 비밀키는 그 소유자만이 알고 있고 공개키는 공개되게 된다. 공개키를 공개하고 이를 배포하는 데 사용되는 메커니즘이 자체적으로 안전하지 않아 누구나 쉽게 접근하여 정보를 변경할 수 있으므로 공개키의 위조와 변조 문제를 야기하게 된다. 따라서 공개된 공개키가 위조 및 변조되지 않았음을 보장하기 위해 등장한 것이 공개키 기반구조이다.

공개키 기반구조에서는 공개키를 직접 공개하는 대신 공개키와 그 공개키의 소유자를 연결하여 인증기관이 서명한 인증서를 공개한다. 이때 인증서에는 인증기관의 서명이 들어 있기 때문에 다른 어떤 객체도 문서의 내용을 변경할 수 없게 된다. 이때 서명자들의 공개키를 인증해 주는 인증기관들의 계층적 또는 네크워크적 구성과 인증서비수, 서명자들의 인증서 관리 등의 인증서 기반의 구조들을 공개키 기반구조라 한다. 즉 공개키 기반구조란 모르는 사람과의 통신을 신뢰성 있게 수행하도록 하는 암호학적 키와 인증서의 배달시스템으로서 거래에 포함된 각 당사자의 동일성과 권한을 확인하기 위해 서명자의 공개키를 인증해 주는 인증기관 사이의 네트워크를 의미한다.

공개키 기반구조는 전자거래, 전자적 커뮤니케이션 등을 비롯한 각 분야에서 인증서의 이용을 간편하고 혼란이 없도록 하는 정책, 수단, 도구 등을 수립하고 제공하는 객체 등의 네트워크를 의미한다.

(2) 공동키 암호방식

안전한 암호시스템에서 복호화 키를 사용하지 않고서는 암호문을 평문으로 재변환할 수 없는데 이때 공동키 암호방식은 암호화하는 키와 복호화하는 키가 동일한 암호방식을 말한다(Forcht 1995, 28).

여기서 암호화키와 복호화 키로 쓰이는 비밀키는 송신자와 수신자 둘 이외의 제삼자는 알 수 없다. 공동키 암호방식은 1970년대 초부터 상업적인 통신망에서 이용되어 왔다.

공동키 암호방식은 우선 발신자와 수신자 사이에서 먼저 비밀리에 양자간의 공동의 암호와 방법을 결정하고 발신자가 송신해야 할 문서를 당해 암호화 방법에 따라 암호화해서 송신한다. 다음으로 수신자는 암호화된 송신문을 동일한 비밀키를 사용하여 해독해서 평문으로 돌릴 수 있다. 이것을 복호화라고 한다. 이 공동키 암호방식에 의하면 특정한 비밀키를 공유하는 통신당사자 간에 암호화와 복호화를 쌍방향으로 실행할 수 있다.

이 암호방식에서는 송수신자 모두가 같은 비밀키를 알고 있어서 송신자가 비밀키를 사용하여 메시지를 암호화하고 수신자는 같은 비밀키를 사용하여 메시지를 복호화한다. 그러므로 암호알고리즘이 공개되어도 비밀키를 제삼자가 추측하여 생성하기가 어렵기 때문에 송수신자는 안전하게 메시지를 교환할 수 있게 되는 것이다.

이 방식은 암호화와 복호화 처리 속도가 빠르고 알고리즘이 비교적 단순하다는 장점이 있지만, 키 관리가 문제가 된다. 송수신자는 비밀키가 노출되거나 노난낭하시 않노독 항상 주의하여야 하며 만일 송수신사가 지리석으로 멀리 떨어진 곳에 있다면 메시지를 전달하는 사람은 전화 시스템 또는 기타 전송시스템을 통해서 제삼자에게 드러나지 않도록 비밀키를 전송하여야 한다. 누군가가 엿보거나 전송 중에 있는 키를 가로채는 경우 그는 그 키를 사용하여 암호 메시지를 해독할 수 있기 때문이다.

그러나 은밀하게 비밀키를 전송한다는 것은 쉽지 않은데 만약 키에 대하여 아무런 정보를 갖지 못한 상호간에 키를 안전하게 분배할 수 있는 방법이 존재한다면, 즉 키를 안전하게 분배할 수 있다면 정보 또한 안전하게 분배할 수 있다는 의미가 되므로 암호의 사용 필요성과 모순이 된다.

또한 공동키 암호방식이 불특정 다수인을 상대로 하는 e-커머스에서 사용되기 어려운데 그 이유는 송수신자 간에 데이터 교환에 앞서 미리 신뢰관계를 구축하고 비밀키를 분배하고 있어야 하기 때문이다. 즉 설사 비밀키의 보관과 전송이 잘 이루어진다 하더라도 송수신자 모두 비밀키를 알고 있으므로 이 암호방식은 상대방이 배신하지 않는다는 것이 보장되어야 한다. 그러나 이는 현실적으로 어려울 수 있다.

3. 전자서명과 인증의 필요성

인터넷을 이용한 거래 등의 정보교환이 크게 보급되고 있는 오늘날에 있어서 네트워크를 활용한 사회경제 활동의 안정적 발전이 매우 중요한 과제로 대두되고 있지만 컴퓨터 보안에 대한 위협은 e-커머스에 대한 주요 장벽의 하나이다. e-커머스의 현재의 대중성 및 잠재적 이익과 함께 대립상황, 즉 인터넷 관련 사업 확장은 침입의 위험에 직면하게 된다. 이 경우 적어도 서류거래와 같은 정도의 신뢰성을 확보하는 것이 필요하다. 그러나 인터넷을 이용한 정보의 교환은 서류거래에서 발생하지 않는 문제가 발생할 수 있다.

서류거래에서 계약 등을 행할 때에는 계약자들이 대면해서 계약행위를 하거나 격지자 간의 거래라고 하더라도 전화에 의한 소리를 확인하는 등 상대방을 확인하는 수단을 가지고 있는 경우가 대부분이었지만 인터넷을 이용하여 정보의 교환을 행하는 경우에는 상대방이 진정한 본인인지의 여부를 확인할 수 없다. 특히 불특정다수의 사람을 상대로 거래를 하는 경우에 상대방이 진정한 거래를 하고자 하는 사람인지의 여부를 확인하는 것은 더욱 곤란하게 된다.

따라서 서류거래에 있어서는 진정성 확인을 위해 서명 또는 날인이 있게 되는데 여기서 서명 또는 날인의 역할은 문서의 진정성의 추정이며 계약서

등과 같은 처분문서의 경우 서명날인으로 진정성 성립이 인정되면 그 기재
내용이 진실한 것으로 추정된다. 그런데 e-커머스에서는 수기서명이나 날인
을 할 수 없으므로 이와 같은 역할을 수행할 수 있는 대체수단이 필요하다.
이러한 e-커머스에 있어서의 진정성 확보와 무결성 확보 문제를 해결하기
위한 방법으로 가장 유력하게 제시되고 있는 것이 전자서명이다.

그러나 전자서명은 갑이라는 이름을 가진 사람이 그 전자문서를 작성하였
다는 사실을 확인할 수 있게 하지만 과연 그 갑이라는 사람이 실제로 존재
하는 사람인지 또한 갑이 실제로 존재하는 사람인 것은 사실이나 처음부터
을이 갑인 것처럼 가장하여 갑의 이름으로 공개키를 공시한 것인지의 여부
에 대해서는 아무런 정보를 제공하지 못한다. 이러한 문제에 대한 대처방안
으로 고안된 것이 전자인증제도 및 인증기관이다.

인증기관은 신원확인(Identity Confirmation)의 기능뿐만 아니라 메시지 발
신자가 디지털 서명의 효력을 부인하지 못하게 하는 강력한 증거를 제시해 주
는 기능, 특정한 시간과 날짜에 메시지가 발신되었음을 증명해 주는 Time -
Stamping 기능도 있다. 또한 인증기관은 분쟁해결에 있어서 중재자로서의
역할을 함으로써 분쟁해결(Dispute Resolution) 기능도 수행한다(Warwick and
1997, 339).

제2절 전자서명 인증제도

1. 전자서명 도입 배경 및 법적 기반

우리나라는 1987년부터 주민, 부동산, 자동차 등 국가기간전산망사업을
시작으로 기능별, 부처별 정보화를 추진하기 시작하여, 1996년 고도정보화
사회의 실현을 앞당기기 위한 종합적인 발전계획으로 '정보화촉진기본계획'
을 확정하게 되고 정보화추진위원회가 구성되면서 본격적인 국가 정보화를

추진하게 된다. 특히 급속도로 정보기술이 발전하게 되고 최고속 통신망의 빠른 보급에 힘입어 각종 정보의 전자적인 유통이 활발해지기 시작하면서 이에 대비한 각종 법률의 재정비가 필요하게 되었다.

이에 따라 1999년 7월 전자거래기본법이 제정되었다. 이에 앞서 문서의 전자적 유통이 증가함에 따른 부작용을 막기 위하여 전자서명의 필요성이 대두되었고 이와 관련하여 전자서명법이 1999년 2월 제정, 시행되기 시작하였다.

1999년 전자서명법이 통과되면서 공개키 기반구조의 전자서명(디지털 서명)이 전자서명의 기술로 채택되었다. 이러한 디지털 서명과 관련된 업무와 전자문서의 교환에 있어 신뢰할 수 있는 제삼자로서 인증기관의 역할과 필요성이 대두되기 시작하였고 이를 위해 정보통신부에서는 국가 공개키 기반구조(NPKI)를 근간으로 전자서명 인증제도를 운영하기 시작하였다.

1998년 초 국정 100대 과제로 '전자정부 구현'이 채택됨에 따라 우리나라에서도 전자정부를 위해 공개키 기반구조 구축의 필요성 및 중요성에 대한 인식이 확산되기 시작하여 행정부 내에서도 각 정부부처와 행정기관 사이에 전자적 공문서 수·발신과 인터넷을 통한 전자민원처리체계를 세우기 위해 정부 주도의 전자서명 인증기반을 구축하기로 하고 GPKI 운영위원회를 통하여 정부공개키 기반구조(GPKI)를 구축하게 되었다.

전자서명 인증제도와 관련된 법률은 위에서 언급한 바와 같이 국내 전자상거래의 활성화 도모를 위해서 두 가지 법률이 제정되었는데 하나는 전자거래기본법으로 전자적 거래의 기본적인 틀을 만들어 거래에 관한 법적 효력을 명확히 하여 전자적 환경하에서 거래질서를 확립하고 전자적 거래를 촉진할 목적으로 제정되었다.

다른 하나는 전자서명법으로 전자적 거래에 사용되는 전자문서의 안전성과 신뢰성을 확보하고 이를 활용하기 위한 전자서명의 기본적인 사항을 정하여 정보화를 촉진할 목적으로 입법되었다.

이 두 가지 법률은 정보사회라는 새로운 환경에서의 새로운 패러다임을 실현하기 위한 법제도의 구축으로 볼 수 있으며 이는 안전한 전자적 거래의 기반이 된다. 특히 전자서명법은 전자서명 인증제도와 직접적인 관련이 있

다고 할 수 있다. 전자서명 인증제도의 근간이 되는 법으로 전자거래기본법
과 전자서명법 이외에 전자정부법이 있다.

1) 전자거래기본법

전자거래기본법은 정보화시대의 도래에 따라 전자문서에 대하여 서면문서
와 동일한 수준의 법률적 효력을 부여하고 전자거래의 신뢰성 확보, 전자거
래의 촉진, 소비자 보호를 위한 시책의 추진 등 전자거래에 관한 기본적인
사항을 정함으로써 일반인이 안전하게 전자거래를 할 수 있도록 하고 전자
거래를 촉진하기 위하여 1999년 제정되었다.

제정의 주요 골자는 첫째, 다른 법령에 특별한 규정이 있는 경우를 제외
하고는 전자문서에 대하여 서면에 의한 문서와 동일한 효력을 부여하고, 전
자서명 역시 서면상의 서명 또는 기명날인으로 보도록 한다.

둘째, 전자거래당사자 등이 전자거래와 관련하여 개인정보를 수집하는 경
우에는 미리 상대방에게 이를 알리도록 하고, 수집한 정보는 당초 수집한
목적 외의 다른 용도로 사용하지 아니하도록 한다.

셋째, 전자거래의 안전성과 신뢰성을 확보하기 위하여 전자거래당사자의
신원을 확인해 주는 공인인증기관을 전자서명법의 규정에 따라 지정할 수
있도록 한다.

넷째, 전자거래의 촉진에 필요한 기반조성사업은 원칙적으로 민간주도에
의하여 추진하도록 하되, 정부는 이를 지원하기 위하여 전자거래정책협의회
를 구성하고 전자거래촉진계획을 수립·시행하도록 한다.

다섯째, 전자거래에 관한 국내외 조사연구 등 진흥사업을 수행하기 위하
여 한국전자거래진흥원을 설립하도록 하고, 전자거래로 인한 피해를 구제하
고 공정한 전자거래의 관행을 정착시키기 위하여 전자거래에 관한 분쟁의
조정에 필요한 시책을 강구하도록 한다.

여섯째, 전자거래를 이용하는 소비자의 기본권익을 보호하기 위하여 관계
법령에 따라 소비자에의 정보제공, 소비자피해보상기준의 적용 등 필요한
시책을 마련하도록 한다.

2) 전자서명법

정보사회의 가장 큰 특징 중의 하나로 전자적 방식의 비대면 원격 커뮤니케이션을 들 수 있는데 이는 기존 산업사회에서 서명자 및 문서의 진정성을 확보하기 위하여 주로 사용되었던 수기서명이나 인장을 대체할 수 있는 새로운 방식을 필요로 한다.

대칭 암호기술을 활용한 전자서명은 현재까지 알려진 방법 중에서 가장 안전하고 신뢰할 수 있는 방법으로 받아들여지고 있으며, 전자서명과 관련된 법은 전자서명이 실제로 유효하기 위해서 반드시 필요하다고 할 수 있다. 정부는 국외 관련법 제정 동향과 국내인증서비스 준비 상황, 전자문서 및 전자상거래의 중요성과 그 경제적 효과, 기존 국내 관련 법체계의 미흡함 등에 따라 새로운 법률의 필요성을 인식하고 1999년에 제정하였다.

전자서명법의 입법 정신은 첫째, 기술 변화에 유연하게 대처하고 가입자를 보호하기 위하여 필요한 최소한의 규제를 규정하였고 둘째, 공공 분야와 민간 분야에 모두 적용되므로 공인성과 민간의 수익성을 조화시키려고 노력하였으며 셋째, 전자서명의 안전성과 신뢰성 확보를 통한 법적 안전성 유지와 이용자 편의성 간의 조화를 바탕으로 제정하였다.

전자서명법의 주요 내용으로는 정보통신부 장관이 공인인증기관을 지정하도록 규정하고 있으며, 인증업무의 지속성과 적정성을 보장하기 위해 공인인증기관의 업무수행을 관리하기 위한 제도를 마련하였다. 또한 인증서의 신뢰성 확보를 위한 인증서 발급절차 및 그 효력, 인증업무 수행과 관련한 개인정보보호와 국가 간 전자서명 상호인증 등에 대해 규정하고 있다.

전자서명법에서는 공인인증기관과 비공인인증기관을 구별하고 있는데 이를 비교해 보면 공인인증기관이 인증한 전자서명은 법적 효력이 부여되며, 공인인증기관의 신뢰성 확보를 위해 엄격한 의무를 부과하고 있으나, 비공인인증기관이 인증한 전자서명에 대해서는 법적 효력을 부여하지 않는다. 또한 전자서명법에서는 인증기관과 공인인증기관의 정의, 공인인증기관으로 지정되기 위한 자격이나 공인인증기관 지정절차 등을 규정하고 있으며, 이

밖에도 개인정보의 보호, 손해배상, 전자서명의 상호인증에 대해서도 규정하고 있다.

전자서명법이 제정된 1999년 이후 전자서명 관련 기술이 급속하게 발달함에 따라 정부에서는 전자서명 관련 기술발달 사항과 국제적인 입법동향을 반영하여 전자서명법의 개정을 추진하였다.

개정내용은 전자서명의 개념을 확장하여 기술중립주의를 수용하였고 인증기관의 보안을 강화하여 공인인증기관의 인증관리시스템에 대한 보도대책 수립·시행을 의무화하는 규정을 신설하였다.

신원확인 과정에 있어서도 이를 법류에 보다 상세하게 규정해서 인증업무의 투명성을 제고하고, 공공성 및 보안성이 강하게 요구되는 분야나 파급 효과가 큰 분야에서는 전자서명을 의무화하여 전자서명의 활성화와 거래의 안전성 확보를 달성하는 방안을 검토하였다. 그리고 전자서명을 이용한 전자거래 시 가입자 및 이용자의 보호를 위해 손해배상 규정을 정비하고 인증기관 간 전자서명의 호환성을 높이기 위해 특정 인증기관의 인증서 수용을 거부 또는 제한하는 행위를 금지하고 이를 위반하는 행위를 금지하는 방안을 마련하였으며, 세계적인 상호인증 시스템의 마련에 대한 대책을 제시하였다.

2005년 12월 30일에는 개정된 전자서명법의 주요 내용을 살펴보면 전자서명법 제4조 제4항에 "정보통신부장관은 제1항에 따라 공인인증기관을 지정하는 경우 공인인증 시장의 건전한 발전 등을 위하여 국가기관, 지방자치단체 또는 비영리법인과 특별법에 의하여 설립된 법인에 대해서는 설립목적에 따라 인증업무의 영역을 구분하여 시정할 수 있다."라고 되어 있는데, 시금까지 공인인증 시장을 독점해 오다시피 한 금융결제원의 업무영역이 인터넷 뱅킹 부문으로 제한됨에 따라 그동안 다른 공인인증기관들이 제기해온 불공정 경쟁 문제가 해결되었다.

3) 전자정부법

전자정부법은 21세기 지식정보화시대를 맞이하여 정보기술과 정부 업무

처리 방식을 결합하여 정부경쟁력의 향상과 대민서비스라는 정부 비전의 구현을 뒷받침하기 위하여 2001년 3월에 제정되었다.

전자정부법은 행정업무의 전자적 처리를 위한 기본원칙·절차 및 추진방법 등을 규정함으로써 전자정부의 구현을 위한 사업을 촉진시키고, 행정기관의 생산성·투명성 및 민주성을 높여 지식정보화시대의 국민의 삶의 질을 향상시키는 것을 목적으로 제정되었으며 전자관인(행정전자서명)의 사용에 대한 규정을 포함한다.

우리나라는 세계적 수준의 정보통신망과 인터넷 가입률을 자랑하고 있음에도 불구하고 이를 행정에 적절히 활용하지 못하고 있는 실정인데, 전자정부법의 제정을 통하여 정보화시대에 맞지 않는 법령의 문제점들을 일괄적으로 해소할 수 있게 되었다.

전자서명과 관련하여 전자정부법은 관련 법령에서 종이문서로 신청하도록 규정하고 있는 경우에도 전자문서로 신청 등을 하게 할 수 있도록 하고, 관계 법령상 적법한 절차를 거친 것과 동일한 효력을 갖도록 했다. 아울러 전자문서의 발송·도달시기 및 신원 확인방법을 규정하고, 분쟁의 우려가 있는 경우에 전자적으로 신원확인이나 시점확인을 할 수 있도록 했다.

전자정부법은 전자공문서에는 행정전자서명을 사용하도록 되어 있다. 다만 행정기관은 전자거래를 효율적으로 운영하기 위하여 공인전자서명을 사용할 수 있도록 되어 있다.

2. 인증제도

1) NPKI의 개념

우리나라의 PKI는 NPKI와 GPKI의 이원화 체계로 구축되었다. 정부통신부를 중심으로 한 민간 부문 NPKI와 행정자치부를 중심으로 한 GPKI로 발전하고 있는데, NPKI는 전자서명법에 의해 GPKI는 전자정부법에 의해

관장된다.

NPKI는 민간 부문의 전자거래를 위한 기반을 제공하는 것으로 인터넷을 비롯한 온라인 전자상거래의 활성화를 꾀하고 있다.

NPKI의 운영을 위한 전자서명법은 공인인증기관의 안전성 확보를 위한 보호조치를 규정하였고, 전자서명의 안전성과 신뢰성을 확보하고 그 이용의 활성화를 위하여 전자서명 및 인증업무의 발전을 위하여 시책 수립·시행을 할 수 있는 법적 근거를 마련하였다. 또한 가입자나 공인인증서를 신뢰한 이용자들에게 손해를 입힌 때에는 공인인증기관에게 과실 책임여부를 입증하게 하였다. 정부는 전자서명의 상호인정을 위하여 외국정부와 협정을 체결할 수 있도록 하였다.

NPKI의 운영은 전자서명법과 시행령 그리고 업무준칙과 지침 등에 의해 결정된다.

2) GPKI의 개념

GPKI는 대국민행정서비스의 향상과 정부의 생산성 향상을 위한 전자정부 구현을 위해 전자결재와 전자문서 유통에 있어 보안성을 확립해야 한다. 컴퓨터 네트워크를 통해 국가의 기밀이 유출되거나 개인정보가 누출되지 않도록 행정전자서명을 사용하며 이의 인증을 위해 GPKI가 필요한 것이다. 정부는 사이버 환경에서 전자문서 작성자의 신원 확인과 전자문서의 비밀성을 유지하고 전자문서의 위·변조를 확인할 필요가 있다.

전자정부의 업무는 G2G, G2B, G2C로 구분하는데 GPKI는 이러한 업무에 모두 적용될 수 있을 것이다. 결국 GPKI란 네트워크의 활용비중이 점차 늘어 가는 행정환경에서 정부문서에 대한 신뢰 및 인증의 수단을 확보하기 위해 인증기관, 원격등록소, 저장소, 사용자 등을 구조적으로 결합시킨 전자정부의 핵심기반시설이라고 할 수 있다.

(1) GPKI의 목적

GPKI는 각 정부부처, 행정기관 사이에 전자적 공문서의 수·발신 및 인터넷을 통한 전자민원처리 체계를 확립하고 전자정부의 안전성과 신뢰성을 확보하기 위한 것이다. GPKI의 목적은 다음과 같다.

첫째, 전자정부의 기본 기능인 정부업무 흐름의 전자화를 위한 것으로 정부부처와 공무원에게 공인인증서를 발급하여 효율적인 전자정부 서비스 기반을 마련하는 것이다.

둘째, 기업과 국민들에게 온라인 행정 서비스를 제공하기 위한 것이다. 언제 어디서나 편리하게 정부의 공문을 찾아볼 수 있고, 각종 증명서를 온라인으로 발급받을 수 있고, 각종 인·허가를 온라인으로 처리할 수 있다. 이를 통해 정부조달과 계약에 있어 행정의 투명성을 제고할 수 있으며, 민간 부문과 상호연동으로 다양한 민원서비스를 제공할 수 있다.

GPKI의 전자적 민원서비스를 인터넷에서 제공할 경우 서비스의 품질이 획기적으로 향상될 뿐만 아니라 불필요한 대기비용의 감소, 시간과 장소의 제약탈피, 행정의 투명성 제고 등으로 정부 경쟁력 강화와 국민편의 증진이 가능할 것이다.

GPKI는 인터넷을 통한 전자적 민원서비스 제공을 위한 신원확인, 전자문서의 무결성, 전자문서의 법적 효력, 개인정보 보호 등을 보장함으로써 비대면 가상공간에서 정부와 국민 간의 거래에 대한 신뢰를 제공한다.

행정전자서명을 이용한 활용 업무로는 전자민원, 정부원격접속, 전자문서유통, 예산정보관리, 보안 웹메일, 4대보험 연계, 개인인사조회, 국민주택채권, 행정정보공유 등이 있다.

(2) NPKI와 GPKI의 상호연동

우리나라의 공개키 기반구조(PKI)는 1999년 7월 시행된 전자서명법에 기반을 둔 민간 분야의 NPKI(National Public Key Infrastructure)와 2001년 3월 전자정부구현을 위한 행정업무 등의 전자화촉진에관한법률(이하 전자정부법)에 기반한 정부 전자관인 분야의 GPKI(Government Public Key Infra-structure)가 있다.

전자서명과 전자관인이 서로 다른 법에 기반을 두어 추진됨에 따라 우리나라의 공개키 기반구조는 서로 다른 두 개의 도메인을 가지게 되었다. 따라서 도메인 간에 상호검증을 하기 위해서는 각 도메인을 신뢰체인으로 묶어 주는 일이 필요한데 행정부서가 민원인의 인증서를 신뢰하기 위해서는 NPKI의 최상위인증기관인 KISA의 인증서를 신뢰할 수 있어야 하며 민원인이 정부에서 보낸 전자관인을 신뢰하기 위해서는 반대로 GPKI의 최상위인증기관 인증서를 신뢰할 수 있어야 한다. 이와 같이 서로 다른 도메인에 속한 사용자 간에 신뢰관계를 형성하여 주는 것을 상호연동이라 한다.

NPKI와 GPKI는 상호연동을 위한 기술로서 인증서신뢰목록(CTL: Certificate Trust List)을 사용하고 있다. CTL은 신뢰목록을 구성하고 이를 바탕으로 도메인의 사용자에 대한 신뢰여부를 결정하는 상호연동방식이다. CTL은 상호연동대상이 되는 각 도메인의 Trust Anchor(최종신뢰점, 최상위인증기관)에 대한 인증서 리스트를 포함하고 있다. 사용자는 CTL에 있는 모든 인증서를 Trust Anchor로 믿게 되며 이를 기준으로 인증경로를 구성하여 상대방을 신뢰한다.

인증서신뢰목록의 구조는 최상위인증기관들의 인증서 해쉬 값을 리스트로 관리하며 PKCS #7의 전자서명이 된 형태로 구성된다. NPKI - GPKI 간 상호연동을 위하여 신뢰된 제삼자가 인증서신뢰목록을 발행하는 것이 아니라 NPKI와 GPKI의 최상위인증기관이 각각의 도메인에 인증서신뢰목록을 발행·관리한다.

3. 전자서명의 주요 활용 분야

1) 공공 분야

공공 분야는 어느 분야보다 높은 보안성이 요구되고 해킹과 같은 사이버 범죄로 인해 피해가 심각할 수 있기 때문에 전자서명의 사용은 필수적이다. 전자정부에서의 전자서명은 정부 조직 내 내용과 정부조직 외 사용으로 구분된다.

전자서명의 정부조직 내 사용은 정부기관 내 전자결재와 정부기관 간 문서유통에 있어 기밀유지와 같은 보안성을 확보하기 위한 것이며, 정부조직 외 사용은 대민 서비스에 있어 관련 당사자를 확인하고 효율적인 민원서비스를 제공하기 위한 것이다.

전자정부는 다양한 인터넷 기반 서비스를 국민들에게 제공하는데 궁극적으로는 정부대표전자민원실을 통해 민원행정서비스를 제공한다. 전자정부의 인터넷 서비스는 시간과 장소의 제약을 없애고 불필요한 대기비용을 줄이며 행정서비스의 질을 향상시키고 행정서비스의 투명성을 확보하여 정부의 경쟁력을 강화, 국민편의를 증진시킬 것이다. 그러나 이러한 전자정부의 서비스 제공은 전자서명의 사용이 전제되어야 한다. 즉, 온라인 증명서 발급, 세금납부, 과징금과 벌금 등 전자민원을 처리하려면 전자서명의 사용으로 안정성과 신뢰성이 확보되어야 한다.

정부는 비대면의 사이버상에서 신청한 자의 신원을 확인하지 않고 증명서를 발급해 줄 수 없으며, 전자문서로 작성된 증명서의 관인 역시 전자서명으로 보안성을 갖추지 않으면 그 진위여부를 보장할 수 없기 때문이다.

2) 금융 분야

민간 부문에서 전자서명의 가장 활발히 사용되는 곳은 금융 분야이다. 금융 분야는 사이버 증권거래, 인터넷 뱅킹, 전자화폐, 보험계약 등과 같이 본인확인과 서명의 법적 효력이 중요하기 때문이다. 현재 우리나라에서 전자서명 사용에 가장 적극적인 곳은 은행, 투신사, 보험사 등 금융기관으로 특히 온라인으로 모든 금융업무가 가능한 인터넷 뱅킹이 전자서명 사용의 대표주자이다.

전자서명을 활용한 인터넷 뱅킹 시스템은 사용자 인증을 통해 거래의 안정성과 거래내역의 법적 효력을 확보할 수 있으며 신상정보가 노출될 우려도 없다. 은행권과 함께 전자서명의 활용에 적극적인 분야는 증권사와 보험사인데 사이버 트레이딩과 인터넷 보험계약을 활성화할 수 있으며, 만일에 발생할 수 있는 고객과 회사 간의 분쟁을 해결할 수 있는 법적 효력을 확보할 수 있다.

3) 전자상거래 분야

전자상거래는 인터넷 쇼핑몰을 중심으로 주로 소액의 상거래에 한정되어 있다. 인터넷 쇼핑의 경우 지불수단으로 주로 신용카드를 사용하고 있는데 카드번호를 도용하는 사례가 늘어나고 개인 신상정보가 유출되는 부작용이 발생하기도 한다.

따라서 전자서명의 사용은 전자상거래의 안정성과 신뢰성을 제공하여 전자상거래의 발전에 기여하게 된다. 최근에는 모바일 인터넷업체와 기업 전자상거래업체(B2B)가 전자서명에 큰 관심을 보이고 있으며 특히 무선을 이용한 전자서명의 활용 분야는 더욱 확대될 것으로 예상되고 있다.

요 약

인터넷을 통한 전자적 거래의 비대면 거래로 발생하는 여러 단점을 보완하기 위하여 전자서명이 사용되고 있다. 우리나라는 1999년에 전자거래기본법과 전자서명법이 제정되고 2001년에 전자정부법이 제정되면서 전자서명 활용에 많은 발전이 있었다.

중요용어

전자서명   인증(Authentication)

무결성(Integrity) 기밀성(Confidentiality)

부인방지(Non - repudiation) 전자인증

전자서명생성키(비밀키) 전자서명검증키(공개키)

Trusted Third Party Certification Authority

인증기관 서명확인(Signature Verification)

알고리즘 복호화

Repository LDAP(Lightweight Directory Access Protocol)

공동키 암호방식 NPKI

GPKI 전자거래기본법

전자서명법 전자정부법

Trust Anchor 사이버 트레이딩

토론질문

1. 전자서명과 인증이 '전자상거래'에 어떠한 영향을 미치는가를 설명해 보자.

2. 전자서명과 인증이 필요한 이유에 대해 설명해 보자.

3. 전자서명 인증제도의 새로운 경향에는 무엇이 있는지 설명해 보자.

4. 공개키 암호방식과 기반구조에 대해 설명해 보자.

5. 전자서명 인증제도의 개선을 위한 전략은 무엇인가를 설명해 보자.

참고문헌

김인식, "전자서명 및 인증제도에 관한 법적 고찰", 연세대학교 법무대학원 석사학위논문, 2001.

정소윤, "공개키 기반(PKI)의 전자서명 인증제도 활성화 방안 연구", 연세대학교 대학원 석사학위논문, 2002.

장재훈, "전자서명의 활성화 방안 연구", 숭실대학교 정보과학대학원 석사학위논문, 2006.

한국정보보호진흥원 http://www.kisa.or.kr

한국정보인증 http://www.signgate.com

행정전자서명인증관리센터 http://www.gpki.go.kr

Aldridge, Alicia, Michele White, and Karen Forcht. 1997. Security considerations of doing business via the Internet: Cautions to be considered. Internet Research Electronic Networking Applications and Policy. Vol.7. no.1:11 – 20.

David Kosuir, Understanding Electronic Commerce, Microsoft Press, 1997.

Draft Uniform Rules on Electronic Commerce, Article 13, A/CN. 9/WG. IV/.82 1999.

Edward A. Cavazos, Morin, Gavino., Cyberspace and the Law: Your Rights and Duties in the On – line World, The MIT Press, 1994.

Forcht, Richard E. Fore 3. 1999. Security issues and concern with the Internet. Internet Research Electronic Networking Applications and Policy. Vol.5. no.3:20 – 43.

M. A. Emmelhainz, Electronic Data Interchange: A Total Managem ent Guide, Van Nostrand Reinhold, New York, 1993.

M. E. Smid D. K. Branstad, The Data Encryption Standard: Past and Future, Proceedings of the IEEE(Vol.76), 1998.

Philip, M. Nichols. 2000. Electronic Uncertainty Within the International Trade Regime. American University International Law Review. Vol.15: 11 – 85.

제4장

전자무역이란 무엇인가?

본 장을 학습한 후에 다음 사항을 이해하고 설명할 수 있어야 한다.

- 전자무역을 정의하고 설명한다.
- 전자무역의 구성요소를 정의하고 설명한다.
- 전자무역시스템의 자동화와 표준화에 대해 설명한다.
- 전자무역마케팅이 사업 성공에 중요한 이유인 것을 설명한다.

◆ 본 장의 개요

  본 장에서는 전자무역에 관한 여러 논문과 서적에 대해 검토한다. 이론적 고찰로서 전자무역의 정의, 특징, 거래절차, 구성요소, 전자무역플랫폼을 소개하고 정의한다. 또 전자무역마케팅과 실무절차 등의 연구들을 검토하는 과정에서 사업적으로 성공할 수 있도록 하기 위해 전략을 어떻게 개발해야 할 것인가를 설명한다.

제1절 전자무역의 개념

1. 전자무역의 정의

  전자무역이란 무역의 전 과정 또는 일부를 인터넷이나 전자문서교환(EDI) 등 각종 정보기술(컴퓨터, 통신망 등)을 이용하여 시간과 공간의 제약 없이 무역 업무를 보다 편리하고, 신속·정확하게 그리고 경제적으로 수행하는 무역거래방식이다. 전 세계의 수출입업체, 제조업체들이 인터넷을 통하여 직접 접촉하여 상품에 대한 정보를 검색하고 교환하여 거래를 성사시키고, 수행하는 것을 의미한다.

  마케팅적인 측면과 국내의 수출입 절차의 개선 및 해외 국가와의 연계를 통한 Paperless Trade의 실현이라는 두 가지 측면에 의의가 있다. 특히 이전의 무역업무 자동화는 무역절차별 단일 프로세스의 업무 자동화에 역점을 두었다면 현재의 전자무역은 단절되고 독립된 무역프로세스를 연결함으로써 Single Window에 의한 복합민원서비스를 통하여 One-Step Service의 제공에 중심이 있다.

2. 전자무역의 특징

　전자무역은 기존의 전통적인 무역방식과는 여러 측면에서 다른 특징을 갖는다. 이러한 차이의 종류 및 정도는 전자무역의 발전 정도에 따라서 달라질 수 있다. VAN / EDI에 의한 무역자동화시스템의 경우 여러 종류의 종이서류를 작성하여 이를 거래당사자 간에 직접 교환함으로써 이루어지던 전통무역에서의 프로세스를 보다 표준화된 전자문서로 대체하였는데, 이 경우에는 무역프로세스의 근본적인 변화라기보다는 무역프로세스의 진행방식에 변화를 가져온 것으로 파악할 수 있다.

　그러나 최근에 도입되고 있는 시스템의 경우에는 기존 종이신용장(L/C)을 전자신용장으로 대체하는 것은 물론이거니와, 신용장의 발행 및 유통, 결제에 이르는 프로세스 자체의 단순화 그리고 이 과정에서의 은행의 역할변화 등 본질적인 프로세스상의 변화를 가져온다. 또한 전자무역이 이제 비로소 성장단계에 있다는 점을 감안한다면 현재 우리 눈으로 파악 가능한 모습만이 아니라, 향후 예상 가능한 전자무역의 모습까지도 고려하여 파악할 필요가 있다.

1) 거래관습의 변화

　전자상거래는 컴퓨터와 통신 네트워크에 의하여 이루어지는 것인 만큼 거래당사자 간의 교섭방식과 거래방식에 상당한 변화를 주고 있다. 지금까지는 거래당사자 간에 서신, 팩스, 전화 등을 이용하여 거래당사자 간에 직접 교섭하는 방식이 주를 이루었다. 그러나 이제는 거래당사자가 웹 사이트를 구축하고 여기에 데이터베이스를 연결하여 상대방의 일반적이고 반복적인 질문에 즉시 회신할 수 있도록 하고 있다.

　특히 기업 대 개인의 거래인 경우, 기업은 일방적으로 각종의 정보를 제시할 뿐이며, 개인 소비자는 기업이 제공한 정보와 미리 입력된 자료에 의하여 기업과 교섭을 하게 됨으로써 철저하게 비대인적(impersonal) 교섭이 이루어진다.

물론 이러한 교섭은 거래 조회 및 협상 단계에서 주로 이루어지는 것이며, 개인은 전자우편을 통하여 기업에 대한 대화를 요구할 수 있다. 이와 같은 현상은 기업과 기업 간의 거래에도 절대적은 아니지만 상당히 많이 나타나고 있다.

인터넷에 등재되어 있는 상품을 보고 가격협상을 하는 경우에는 결국 대인적 접촉이 발생하지만 대량 판매 및 대량 구매로 이어지는 조달의 경우를 보면 입찰에 의하여 모든 거래가 완료되기 때문에 실질적인 대인접촉이 없는 경우가 많이 발생하고 있다.

이에 따라 온라인 계약체결에 대한 새로운 관습이 발생하게 되며, 이에 따른 배송 및 결제에 대한 관습의 대폭적인 변화가 이루어지고 있다. 또 다른 예로서 대금결제를 들 수 있는데 트레이드카드나 볼레로와 같은 완전히 새로운 방식의 대금결제의 경우는 당연하다고 하겠지만 전통적인 신용장에 의한 대금결제의 경우에도 이제는 전자신용장에 의하여 인터넷을 통하여 신용장의 개설 및 통지가 이루어짐에 따라 수출업자, 수입업자, 금융기관 등 기존의 유관기관은 물론 전자문서를 전송해 주는 중개업자들도 새로운 법률관계의 틀 속에 들어가게 된다.

2) 거래당사자의 다양화

전자상거래의 거래당사자는 누구든지 가능하다. 즉 거래당사자는 일반 개인, 개인 사업자, 중소기업, 대기업, 기관, 정부 등이 전자상거래의 당사자가 될 수 있다.

역으로 한국의 교육기관이 해외의 수강생이나 기업을 대상으로 유상으로 온라인 교육을 하는 경우 정식 수출로 인정되게 될 것이며, 마찬가지로 한국에서 인기 있는 게임을 개발하여 해외의 게이머들이 유료로 한국에 접속하여 게임을 즐기는 경우도 수출이 되는 것이다. 또한 기업과 개인 간 거래는 물론 외국 정부에 대한 조달과 같은 기업과 정부 간 거래, 국제 서비스무역 등도 중요한 이슈가 되고 있다.

3) 전자적 무체물 및 서비스무역

전자무역이 전통적 무역과 차별화되는 부분으로 전자적 무체물과 서비스의 거래를 들 수 있다. 전통적인 무역의 전자무역은 재래상품의 국제거래를 위하여 전자상거래 지원시스템을 구축하고 e - 마켓플레이스와 무역자동화 시스템을 이용하는 데에 주안점을 두고 있어 오프라인 무역의 온라인화를 중요하게 여기고 있다.

전자무역의 가장 큰 특징은 소프트웨어, 디지털 콘텐츠, 게임, 영상, 음악, 교육, 컨설팅과 같은 디지털 제품 및 서비스를 거래의 대상으로 하고 있다는 것이다. 이 분야는 지식 집약적 산업 분야로서 재래 산업에 비하여 부가가치가 매우 높은 것으로 평가되고 있기 때문에 정부적 차원에서도 많은 투자가 이루어지고 있다.

디지털 제품은 웹서비스, 이메일서비스, 도메인서비스, 데이터베이스서비스, 사서함서비스, 검색서비스, 보안서비스, 전자결제서비스, 온라인컨설팅서비스 등이 기업과 개인 간 무역이 되는 것이다. 이제는 해외의 교육기관을 통하여 온라인으로 학위를 취득하거나 자문을 구하는 것도 기업과 개인 간 거래로 인정된다.

온라인교육서비스, 인터넷마케팅서비스 등과 같이 네트워크상에서 거래되는 온라인서비스상품을 비롯하여, 위성방송서비스 등 유무선방송서비스 상품, 이동통신을 비롯한 유무선통신서비스 상품 등이 속한다.

디지털제품이 각광을 받는 이유로는 정보재의 성격을 가지고 있으며 고의로 저장장치에서 지워 버리지 않는 한 아무리 사용하여도 소멸되지 않고(비소멸성), 디지털 신호로 구성되어 있기 때문에 다른 상품으로의 변형이 용이하며(가변형성), 무제한으로 복제할 수 있어 재생산성이 뛰어나기 때문이다.

4) 해외시장 개척수단의 변화

전통적인 무역에서는 해외시장개척을 위하여 해외의 거래처, 은행, 무역협회, KOTRA, 영사관 등의 기관을 이용하거나 관련 자료를 참조하여 왔다.

그러나 이제는 인터넷을 통하여 자료를 검색하는 정도를 넘어서 인터넷을 통하여 거래정보를 올리고 3D 그림과 화상 대화를 통하여 거래조회를 하기도 한다.

현재 해외시장을 개척하기 위하여 가장 많이 이용하는 것으로서 인터넷을 통하여 많은 판매자와 소비자가 모이는 시장인 e－마켓플레이스가 있다. e－마켓플레이스에 참여하는 사람이나 기업들에 대해 국적을 가리지 않으며 다만 그 시장을 주도하는 자가 판매자 중심인가 아니면 구매자 중심인가 아니면 다수의 판매자와 구매자가 함께 모이는 중개자 중심인가로 구분되어 있다.

이를 위하여 동종의 기업들이 연합하여 대형 사이트를 구축하고 공동으로 물품의 판매 및 구매를 하기도 한다. 세계의 대기업들은 자사에서 필요로 하는 생산용 부품이나 원자재를 인터넷을 통하여 전 세계의 공급자로부터 물품을 조달받고 있으며, 대형 판매자들은 인터넷을 통하여 전 세계의 소비자들에게 물건을 판매하고 있다. 중개자 중심의 e－마켓플레이스들은 국내외의 무역업체나 제조업체들이 등록한 오퍼를 해외의 다른 e－마켓플레이스와 연계하여 공급하고 반대로 해외의 오퍼를 국내에 조달해 주는 역할도 하고 있다. 따라서 한국의 무역 e－마켓플레이스들에 따라 차이는 있지만 국내기업만이 아니라 해외기업들도 회원으로 받아들여 무역중개의 업무를 수행하고 있다.

e－마켓플레이스들은 여러 공급자와 구매자들의 무역이 원활하게 이행되도록 지원하기 위하여 정보제공, 협상, 경매, 역경매, 자동거래처리 등은 물론, 부가서비스로 각종 정보의 수집, 축적, 가공 처리에 의한 콘텐츠 제공, 각종 전자상거래 지원시스템 계약, 물류, 보험, 결제 등의 여러 가지 업무를 제삼자의 입장에서 제공하는 제삼자군 서비스(TPS: Third Party Service)를 제공하기도 한다.

5) 무역업무 처리방식의 자동화

무역업무처리방식은 전자문서를 이용하기 이전에도 무역절차 간소화 및 무역서류 표준화 등의 오랜 기간 동안의 준비를 거쳐 인터넷 서비스까지 발전해 왔다. 예전에는 무역 관련 문서를 수작업에 의하여 작성하여 인편으로 직접 제출하거나 우편을 이용하였으며, 문서를 제출하고 나면 수작업에 의하여 확인 및 서명이라는 절차를 거쳐서 정식문서로 사용해 왔다.

무역에서 사용되는 문서의 종류도 많았지만 각 문서에 기재되는 내용은 대략 70%가량이 중복되어 기재되는 내용이며, 반복기재 및 재작성 등의 과정을 거치면서 많은 시간과 오류가 발생하곤 하였다. 이러한 문제를 해결하기 위하여 한번 컴퓨터 시스템에 입력을 하면 반복되는 자료는 자동으로 입력이 되고 입력된 문서는 네트워크를 통하여 제출하며 일상적인 업무는 컴퓨터를 통하여 자동으로 이루어지도록 하는 기술이 발달하였으며 그 핵심기술이 EDI라는 것이다.

이와 같은 업무처리방식은 무역의 관행과 법적 효력에 많은 영향을 미치고 있으며 무역업체의 경우 예전에는 평균 3주일 이상이 걸리던 무역절차를 1주일 이내로 단축함으로써 시간과 비용의 절감을 이루는 생산성 증대 효과를 거두고 있다.

(1) EDI의 개념

EDI(Electronic Data Interchange)는 전자문서 교환 또는 전자자료 교환으로 해석되며 종이문서를 전자식 문서로 대체한 것이고 우편, 전화, 인편에 의해 송달되던 전통적인 문서 전달 방법을 전자식 전달 방법으로 대체한 것이다.

IDEA(International Data Exchange Association)에 의하면 '구조화된 데이터(Structured Data)를 합의된 문서표준에 의해서 작성하여, 한 컴퓨터 시스템으로부터 다른 시스템으로 전자식 수단을 통하여 전달하는 것'이라 하였다.

Sokol은 수신자가 의도하는 거래를 수행할 수 있도록 '표준 포맷으로 된 기업거래 문서를 기업 간에 컴퓨터와 컴퓨터 간에 행하는 것'이라 하였다. M. Emmelhainz는 '서로 다른 기업(조직) 간에 약속된 포맷을 사용하여 상업적 또는 행정상의 거래를 컴퓨터와 컴퓨터 간에 행하는 것'이라 하였다.

이와 같이 정의들을 정리하면 EDI란 '상업적 또는 업무행정상 통용되는 구조화된 데이터를 함의된 문서표준에 의해서 작성하여, 인간의 개입 없이 한 컴퓨터 시스템으로부터 다른 시스템을 통신회선을 매개로 전자적 수단을 통하여 전달하는 것'으로 정의할 수 있다.

(2) EDI의 구성요소

전략적인 측면에서 볼 때 EDI는 새로운 업무처리 방식이라고 할 수 있지만 운영 측면에서 볼 때 EDI는 과거 종이서류를 이용한 업무처리 시스템과 상당히 유사하다. EDI 전자문서를 송수신하기 위해서 필요한 것이 바로 EDI의 구성요소라고 볼 수 있으며, 이는 EDI 표준, EDI 소프트웨어, 통신 네트워크 등으로 구성되어 있다(심상렬, 문희철, 2001).

① EDI 표준

EDI 표준은 전자문서의 언어표현 방법의 일종인 양식표준과 데이터 정보의 접속 및 송수신에 관한 방식인 통신표준으로 나눌 수 있다. 문서 위주의 시스템에서는 입력자 또는 담당자가 각 양식을 보고 자료의 내용을 인식할 수 있지만 EDI에서는 인간에 의한 재입력 및 해석이 배제되어 있으므로 각 정보들을 컴퓨터가 인식하고 처리할 수 있는 구조화된 형태로 작성되도록 해야만 한다.

즉 문서양식(Document Forms)과 문법(Syntax)에 대한 규칙적인 양식표준과 통신표준이 필요하다. EDI 표준은 용도에 따라서 두 가지 형태가 존재하는데 양식작성표준(Formatting Standards)과 통신표준(Communication Standards)이다. 그리고 EDI 표준의 사용범위에 따라서 전용표준과 공통표준 그리고 국제표준이 있다.

㉠ 양식작성 표준(Formatting Standards)

양식작성 표준은 기존의 문서를 통한 의사소통 대신 컴퓨터 간 통신을 위해 필요한 전자문서를 작성하는 하나의 규칙을 말한다. 양식작성 표준은 문서내용에 관한 표준으로서 수신 컴퓨터가 정보를 처리할 수 있도록 하기 위하여 정보가 송수신되는 순서를 정하는 표준이라 한다.

ⓛ 통신표준(Communication Standards)

문서 위주의 시스템에서 거래당사자 간에 문서가 물리적으로 어떻게 전달될 것인지 결정되어 있는 것처럼 EDI에서도 각 산업에서 또는 산업 간 통용될 수 있도록 만든 전송방법에 대한 규정인 통신표준이 필요하다. EDI를 위한 통신도 보통의 전자통신과 마찬가지로 통신수단은 크게 최종 송수신 부분, 변환 및 중계 부분, 전달매개체 부분으로 분류된다.

전달매개체를 다시 세분하면 물리적인 전선과 전달업무를 담당하는 통신서비스로 구별된다. 여기서 통신서비스는 다시 직통전화, 회선교환망(Circuit Switching Data Network: CSDN), 패킷교환망(Packet Switching Handling System)과 같이 기억, 배분 등의 요소가 포함된 부가 서비스로 구분된다. EDI 구축을 위한 통신 형태는 점대점(Point – to – Point) 통신과 통신사업을 통한 통신방식이 있다.

점대점 방식은 송신인과 수신인을 직접 연결하는 방법을 말하며 상대방과 항상 연결 가능해야 하므로 특별히 보안이 요구되는 은행과 같은 곳에서 사용되고, 상대가 많을 경우에는 기술적으로나 경제적으로 바람직하지 못하므로 사용되지 않고 있다. 이 경우는 통신서비스 사업자를 이용하게 되는데 NHS와 같이 축적전송(Store and Forward)만을 담당하는 경우와 변환 및 전산처리 서비스까지 추가된 경우로 구분할 수 있다.

여기서 NHS는 컴퓨터와 연결된 공중 통신망을 이용해서 컴퓨터 처리 기능과 축적 기능을 이용하여 전자우편서비스를 실현하는 것으로, NHS에서도 서로 다른 통신규약(Protocol)을 이용할 경우 의사소통에 문제가 있기 때문에 국제전신전화자문위원회(CCITT)에서 이의 표준을 제정하여 X.400, X.430을 발표하였다. 통신표준에서는 이용하는 봉투(Envolope)의 형태, 전송속도와 프로토콜, 메시지 발신 및 수신시간 등과 같은 사항이 정의되어 있다.

ⓒ 전용표준(Proprietary Standards)

전용 EDI 표준은 하나의 조직과 그 거래처 사이에 국한해서 사용할 경우의 양식작성과 통신을 위한 지침을 말하며 사설표준이라고도 한다. 그래서 '특수목적용(Special Purpose)' 또는 '사설용(Private)' 포맷이라는 뜻의 '폐쇄형 표준'이라고도 한다.

㉣ 공통표준(Common Standards)

공통표준은 한 산업 내 혹은 산업 간(Cross-Industry)의 사용자들에게 적용되는 표준을 말한다. 자료의 표준, 용어규약 및 통제 등에 있어서 국제적 표준을 형성할 수 있는 보편성이 보장되는 표준으로 '개방형 표준'이라고 한다.

㉤ 국제표준(International Standards)

국제표준은 국가 간의 EDI 메시지 전달이 가능하도록 전 세계적으로 통용되는 EDI 표준을 말한다.

UN / EDIFACT는 UN에서 제정하고 국제표준화기구(ISO)가 승인한 표준이며 EDIFACT는 각각 UN/TDI 및 ANS X.12라는 자료교환을 위한 유럽과 미국의 초기 표준들을 기본으로 하고 있다.

② EDI 소프트웨어

EDI를 이용하여 거래당사자 간에 전자문서를 교환하기 위해서는 하드웨어, 소프트웨어 및 통신장비를 갖추고 있어야 하는데 EDI 소프트웨어는 응용소프트웨어, 변환소프트웨어, 통신소프트웨어로 구분된다.

응용소프트웨어는 사용자가 표준전자문서를 구성하고 있는 각 항목을 만족할 수 있도록 문서를 작성하게 하는 소프트웨어로 최소한 표준전자문서를 상대방에게 송수신하기 위하여 문서를 작성, 수정, 조회, 삭제할 수 있어야 하며 수신된 표준전자문서를 조회, 출력할 수 있는 기능을 가지고 있다.

변환소프트웨어는 구축되어 있는 하드웨어가 메인프레임부터 미니컴퓨터 또는 PC까지 다양하며, 이러한 하드웨어에서 운영되는 운영시스템과 파일관리 구조가 다양하기 때문에 거래상대방에게 전송될 내부파일 형태의 전자문서를 표준형태인 EDI 파일로 변환하거나 외부에서 보내진 전자문서를 내부에서 이용하기 위해서는 EDI 파일을 내부의 내부파일 형태로 바꾸어 주는 기능을 담당하는 소프트웨어이다.

통신소프트웨어란 컴퓨터와 컴퓨터 간에 데이터를 주고받을 때 사용되는 소프트웨어이며 통신회선에 따라 통신이 가능하도록 지원이 되어야 한다.

③ 통신 네트워크

전자문서가 하나의 컴퓨터로부터 다른 컴퓨터로 전달되기 위해서는 전용 데이터회선이나 공중데이터회선을 보유한 통신망이 필요하다. 이러한 EDI 네트워크는 직접통신망과 제삼자 네트워크로 구분할 수 있다. 직접통신망에서는 보통 모뎀을 통해 거래상대방의 컴퓨터와 직접적으로 연결된다. 제삼자 네트워크는 부가가치통신망(VAN)을 이용하여 다수의 수신인에게 다양한 문서를 전송할 수 있으며 24시간 송수신 내역을 확인할 수 있다.

④ EDI의 효과

이미 전 세계적으로 EDI는 단순히 사업의 보조수단이라는 차원을 넘어서 기업생존에 필수적인 새로운 업무방식으로 자리를 잡아 가고 있다. 이는 EDI가 철강, 자동차, 운송, 화학, 의료 등 거의 모든 산업 분야로 적용범위가 확대되고 있다.

EDI를 이용하면 다음과 같은 효과를 얻을 수 있다.

첫째, 시간단축과 비용절감의 효과이다. 데이터의 재입력과 재입력 과정 상에서 발생하는 오류라는 엄청난 비용을 발생시킨다. EDI를 도입하면 재입력을 할 필요가 없기 때문에 인선비와 문서의 처리 빛 관리비가 설감될 수 있다.

둘째, 업무처리 절차의 합리화다. EDI를 시행하는 과정에서 과거의 업무 절차에 대한 분석과 검토가 불가피하다. 즉 EDI 도입을 위한 업무절차에 대한 재평가 작업을 통해 종래의 불필요하거나 중복된 업무를 제거하고 새로이 필요한 절차로 보완할 수 있다.

셋째, 업계에서 생존가능성 확대이다. 최근 정보화의 진전으로 인하여 여러 산업 분야에서 전자적인 데이터 교환 능력이 기업생존의 필수요건으로 변화되고 있다.

넷째, 대고객 서비스의 개선이다. 많은 기업들이 EDI를 도입함으로써 고객에 대한 서비스의 수준을 높일 수 있다.

다섯째, 기업의 국제경쟁력 강화이다. 최근 통신기술의 발달로 인하여 국제적으로 제품의 라이프사이클이 짧아지고 있는 상황하에서 EDI는 제조업체들이 긴밀하게 협조할 수 있도록 연결해 주기도 한다.

3. 전자무역 이론

1) 자원기반 이론

기업의 성공원천은 Porter의 주장과 같이 첫째, 해당 기업이 우호적인 산업환경에 놓여 있는지의 여부, 둘째, 그 환경에 대응하는 기업의 전략적 방향으로 알려져 있다. 그러나 포터의 이론과는 달리 기업성공에 관한 새로운 관점들이 등장하기 시작하였는데 그중에 하나가 자원이론으로서 성장의 원천은 기업 전략의 성공이 기업의 성공을 둘러싼 환경요인이 아닌 기업이 보유하고 있는 내부의 특수한 자원에 의해 결정된다는 것이다.

자원기반이론에 따르면 동일한 산업에 속한 기업일지라도 기업마다 환경변화에 대응하는 방식이 다르며 그 이유는 기업이 보유한 저마다의 자원이 다르기 때문이다. 기업이 전략을 성공적으로 실행하기 위해서는 전략 수행에 필요한 자원을 보유하고 있거나 창출해야만 한다. 자원기반이론은 기업을 유형자산과 무형자산의 독특한 집합체로 파악하고 기업은 장기간에 걸쳐 나름대로 독특한 자원과 능력을 결합하고 구축하는 것으로 본다. 기업은 이들 자원과 능력의 차별적 역량을 근거로 하여 지속적인 경쟁우위를 확보할 수 있다. 즉 경쟁우위의 원천을 기업 내부의 자원으로 설명하고, 기업을 자원의 집합으로 보아 기업이 보유하고 있는 자원 및 자원의 전개능력인 역량의 차이로써 경쟁우위를 설명하고 있다.

전통적인 경영전략모델에 있어서 자원은 산업 내에서 동질적이고 이동성을 가지고 있는 것으로 간주하였다. 이러한 의미는 자원이 산업 내에서 균질하고 쉽게 이동할 수 있는 특성을 가지고 있기 때문에 기업은 경쟁기업이 가지고 있는 경쟁력을 확보하기 위해 자원을 구매하거나 육성할 수 있다는 것이다.

그러나 최근의 국제간 교역은 전통적 방식의 무역활동과는 다른 모습을 보이고 있는데 특히 정보기술의 발전으로 무역교류에 필요한 정보수집 및 커뮤니케이션상에서 시간단축 및 정보범위 확대, 법적 제도적 프로세스의 준비여부 등의 큰 변화를 보이고 있다. 즉 타국의 구매정보 및 상품정보에 대한 접근성 자체가 특정 기업의 무역활동의 핵심역량으로 더 이상 인식되지 못하고 있다. 그 이유는 현재의 변화된 무역환경(글로벌 정보통신망)하에서는 타국의 구매정보 및 상품정보에 대한 접근성은 기업들마다 매우 균질적이며 국가 간 이동성을 확보하고 있기 때문이다. 이러한 상황에서는 정보처리 프로세스 속도가 개별 무역업체의 핵심역량이 되고 있으며 더 나아가 글로벌 상품정보와 구매 니즈 정보, 각국의 제도적 프로세스 처리 정보(통관, 환율 등)의 반응속도와 정확성이 기업의 핵심역량으로 인식되고 있다는 점이다. 바로 이러한 점이 자원기반의 이론적 측면에서 개별기업이 전자무역 도입 확산을 설명할 수 있다.

결국 무역에 관여하는 기업마다 자신의 산업 분야에 있어서 지속 가능한 경쟁우위를 확보할 수 있도록 개별기업의 상품, 시장, 소비자욕구, 법적 제도적 정보들이 독창적인 일련의 프로세스를 형성하고 있으며, 이러한 독창적 프로세스의 경쟁력이 지속 가능한 경쟁우위의 원천이 되고 있다. 따라서 무역에 종사하는 기업들마다 정보획득에서 거래처리 및 거래 후 지원업무에 이르는 무역정보프로세스의 핵심역량이 무역회사의 경영성과를 좌우하며, 전자무역이 정보프로세스의 속도 및 정확성을 강화시키는 역할을 하여 궁극적으로 무역회사의 핵심역량을 강화하는 데 기여하게 된다.

2) 거래비용 이론

기업을 영위하는 데 필요한 모든 활동이 시장거래를 통하여 효율적으로 수행될 수 있으면 기업이라는 조직이 존재할 경제적 이유가 없다. 그러나 실제로는 시장거래를 수행하는 데 거래비용이 발생하기 때문에 기업은 거래비용이 많이 발생하는 거래관계를 내부화함으로써 비용을 줄이고 이윤을 극대화할 수 있다.

일반적인 경영자원보다는 특화된 경영자원을 수반하는 거래관계가 높은 거래비용을 발생시키기 때문에 기업은 특화된 경영자원과 관련된 거래관계를 내부화하게 된다는 것이 거래비용 이론의 핵심적인 주장이다.

거래비용의 이론적 측면은 전자무역의 도입이 정보기술을 통해 무역거래 비용을 절감하는 전략적 도구로 적극적으로 활용할 수 있다는 개념이다. 본래 거래비용은 조직시스템을 운영하는 데 소요되는 비용이라 정의되며 구체적으로 거래비용은 협상, 정보수집 및 처리, 협약준수 감시 등으로 발생하는 비용을 의미한다. 이 외에도 거래파트너의 교체로 인한 교체비용도 여기에 포함되며, 이는 특히 산업재 거래의 경우 납기, 품질, 가격 등이 중요하기 때문에 소비재에 비해 상대적으로 더욱 중요한 요인으로 간주되고 있다.

Bakos(1991)는 정보기술이 기업 간 거래활동에서 발생하는 조정비용에 미치는 영향을 살펴본 결과 정보기술은 정보처리 능력을 증가시킬 뿐만 아니라 의사소통과 업무처리 시간을 단축시킴으로써 주문한 제품의 리드타임이 감소됨에 따라 재고부족 및 재고 유지비용이 절감되고 최종적으로는 조정비용이 감소된다고 밝히고 있다.

글로벌기업의 거래비용은 전 세계 조직 및 시스템을 운영하기 위하여 막대한 자금의 투입을 필연적으로 수반한다. 글로벌 기업의 거래비용의 관리적 측면에서 보면 통합적인 시스템과 조직, 물류 등의 체계적 관리의 프로세스 정립 및 표준화가 기업의 지속 가능한 경쟁우위를 가져오는 중요한 부분이라는 사실이 명확하게 드러난다.

Gurbaxani & Whang(1991)은 정보기술이 주문처리비용이나 재고관리비용과 같은 조정비용을 감소시킬 뿐만 아니라 저렴한 비용으로 거래파트너의 성과를 평가하거나 감독할 수 있는 장치를 고안해 냄으로써 그들의 행동을 통제하기 위해 투자하는 조정비용을 절감시킬 수 있다고 주장하고 있다.

또한 Bakos & Brynjolfsson(1993)은 기업이 하나의 파트너와 최적 파트너 인가에 관한 질문에 반드시 거래파트너를 일원화시킬 필요는 없다고 밝히고 있다. 그 이유는 기업이 원하는 품질의 제품이나 서비스를 적절한 가격에 제공해 줄 수 있는 파트너를 물색할 때 인터넷과 같은 정보기술을 이용할 수 있어서 탐색비용이 많이 들지 않고, 거래 파트너 선정 시 선택의 폭이 넓어지기 때문에 우수한 거래 파트너를 선정할 수 있는 가능성도 높아지기 때문이라고 설명한다. 이를 통해 볼 때 기업의 전자무역의 도입은 탐색비용 의 절감에도 영향을 미칠 것이다.

4. 전자무역의 거래절차

전자무역이 이루어지는 절차를 크게 3단계로 구분하면 다음과 같다.

첫 번째 단계는 정보단계로 무역거래 대상제품에 대한 광고 및 거래상대 방에 대한 탐색과정이다. 이 단계에서 수출업자는 수출품을 해외 바이어에 게 다양한 방식을 통하여 홍보하고, 적극적으로 잠재적 수입자를 파악하기 위한 각종 정보를 수집하게 된다. 이러한 과정을 통해 잠재적 거래 상대방 을 확이할 수 읻다.

두 번째 단계는 거래 관련 의사교환 과정을 말하는데, 이 과정에서는 거 래대상품목의 자세한 내용, 가격, 대금지급방법, 운송방법, 보험 등 각종 거 래조건 등에 대해서는 거래당사자 간 합의가 이루어지는 계약단계이다. 이 러한 합의가 쌍방 간 합의로 발전할 경우 세 번째 단계인 이행단계로 연결 된다.

세 번째 단계인 이행단계에서는 거래 쌍방 간 합의된 각종 거래조건의 내 용이 법률적 구속력을 갖추고 확정되게 된다. 계약이 체결되면 그 계약조건을 실행하는 단계가 시작되는데, 계약이행의 핵심은 대금결제와 운송이다. 대금결제와 운송에는 매우 다양한 방식이 있는데, 이 과정에서 은행, 선박회사 그리고 세관 등이 관여하게 된다. 통상적으로 전통적인 무역에서는 은행이 신용장을 개설하여 대금결제와 관련된 단계가 시작되지만, 전자무역에서는 신용장을 전자적으로 대체하는 방식이 이용된다. 그리고 오프라인상에서 제품의 선적, 수송, 하역, 검사, 통관 등의 일련의 물류과정이 온라인상의 등록 및 추적과 동시에 진행된다.

린데만과 런지가 제시한 거래이행단계를 더 세분화하면 시장, 제품 및 매수인에 대한 정보수집단계, 자사제품의 해외홍보, 매수인 발굴 등의 해외마케팅단계, 발굴된 매수인과의 각종 거래조건 협의 후 계약에 이르는 거래협상단계, 물품을 매수인에게 운송하는 물류운송단계, 물품공급에 대한 대가로서 대금을 지급받는 대금결제단계로 구분할 수 있다.

1) 정보수집단계

전통적인 무역방식은 시장이나 제품, 거래선에 대한 정보를 수집하기 위해서는 무역박람회, 컨벤션, 대한무역투자진흥공사(KOTRA)를 통하여 카탈로그, 홍보매체 등을 이용하거나 또는 직접 출장을 가는 것이 통례였다. 그러나 전자무역에서는 중소기업도 외국 웹 사이트를 검색함으로써 국내 및 해외의 신제품이나 거래선에 대한 정보를 신속하고 용이하게 수집할 수 있다.

2) 해외마케팅단계

전통적인 무역방식은 자사기업과 제품을 알리는 마케팅 활동을 진행하기 위해서는 직접 해외출장을 가거나 종이 카탈로그나 홍보매체 등을 이용하였다. 그러나 전자무역에서는 수출업체의 경우 인터넷을 통해 자사제품의 웹 카탈로그를 보내거나 전자우편 마케팅을 할 수 있으며, 인터넷 홈페이지 개설이나 거래알선 사이트, 유즈넷, 메일링 리스트, 배너 광고 등을 통하여 쉽게 자사 제품과 서비스에 대한 글로벌 마케팅을 수행할 수 있다.

한편, 시장이나 제품, 매수인에 대한 정보수집단계와 자사제품의 해외홍보, 매수인 발굴 등의 해외마케팅단계가 사이버공간에서 수행하게 되는 경우를 사이버 마케팅이라고 정의할 수 있다.

3) 거래협상단계

전통적인 무역방식은 발굴된 거래선과 거래조건을 협상하기 위하여 국제전화, 팩스 등을 이용하여 상호간의 의견을 교환하거나 해외출장을 나가는 것이었다. 그러나 전자무역에서는 인터넷을 이용하여 거래 관련 자료나 화상을 전자우편이나 인터넷 팩스로 전송하여 사이버공간에서 얼굴, 음성 및 정보교환으로 무역협상이 가능해진다.

발굴된 매수인(Buyer)과의 각종 거래조건 협의 후 계약에 이르는 거래협상단계가 사이버공간에서 수행되는 비대면의 협상을 사이버협상이라고 정의할 수 있다. 이러한 전자무역계약을 체결함에 있어서 기존의 무역거래에서 요구되었던 계약조건 외에 계약당사자 간의 의견 불일치에 따른 분쟁을 해결하거나 법적 구속력을 적용할 수 있는 전자무역의 계약조건을 고려하여야 한다. 왜냐하면 전자무역의 경우 수출입에서부터 관세, 대금결제 등 네트워크의 연계성에 관련한 절차상의 문제와 컴퓨터 네트워크나 인터넷상에서 체결되는 전자무역계약을 규율할 수 있는 규정에 대한 해석이 각국 간에 상이하기 때문이다.

4) 물류운송단계

수출업자는 매매계약이 체결된 후 자신의 물품인도의무를 이행하기 위하여 계약물품을 수입업자에게 송부하여야 한다. 기존의 무역거래의 경우에는 수출업자는 대면, 전화, 팩시밀리 등의 통신수단을 이용하여 매매계약을 체결한 후 운송인을 통하여 수입업자에게 물품을 운송한다. 그러나 전자무역에 있어서 유형재의 경우에는 수출업자는 인터넷 등의 사이버공간에서 매매계약을 체결한 다음, 종래와 같이 물리적인 방법으로 운송인을 통하여 수입업자에게 인도하는데, 이 중에서 책이나 음반과 같이 부피가 크지 않거나 특별한 취급이 필요 없는 소액물품의 경우에는 우편서비스 또는 국제택배서 비스가 활용되고 있다.

전자서적, 음반, 소프트웨어 등의 디지털제품의 경우에는 인터넷 등의 사 이버공간을 통하여 계약체결과 동시에 다운로드하거나 계약조건에 따라 필 요할 때에 전송받을 수 있다. 전자무역이라 하더라도 디지털제품의 경우에 는 인터넷 등의 사이버공간을 통하여 계약체결과 동시에 다운로드하거나 계 약조건에 따라 필요할 때에 전송받을 수 있다.

5) 대금결제단계

물품의 국가 간의 이동이 수반되는 무역거래를 이행하기 위해서는 물품인 도와 더불어 이에 따른 대가를 교환하는 대금결제가 필요하다. 즉 기존의 무역이든 전자무역이든 디지털제품이 아닌 유형재(물리적인 물품)는 사이버 공간에서 이동될 수 없기 때문에, 유형재인 경우에는 사이버공간이 아닌 현 실세계의 재래식 운송이 반드시 필요하게 되는 것이다. 따라서 사이버물류 에는 사이버공간상의 디지털제품의 이동과 현실세계의 물품의 이동을 모두 포함하는 것으로 이해되어야 할 것이다.

거래에 있어서는 통상적으로 송금결제방식, 추심결제방식, 신용장거래에 의한 결제방식이 이용되어 왔다. 송금결제방식은 거래금액이 소액이거나 거 래상대방(수출업자)을 신뢰할 수 있는 경우에 주로 이용되며, 추심결제방식 은 거래금액이 다소 큰 경우이면서 거래상대방(수입업자)을 신뢰할 수 있는 경우에 주로 이용되고, 신용장거래방식은 거래상대방(수입업자)의 신용도를 알 수 없는 경우에 주로 이용되어 왔다. 그러나 전자무역의 경우에는 매수 인이 매도인의 물품공급에 대한 대가로서 대금을 지불할 때 사이버공간에서 대금결제를 수행할 수 있는 전자신용장이나 TradeCard 방식 등의 새로운 전 자결제시스템을 구현하고 있다.

6) 계약의 종료

　매도인의 물품인도와 매수인의 대금결제의무가 이행되었다는 것은 무역계약이 종료하였다는 것을 의미한다. 계약이 종료한 후에는 거래정보에 대한 사후관리를 위하여 DB마케팅이 필요하고, 무역 분쟁이 발생한 경우에는 그 분쟁의 해결을 위하여 노력하여야 한다.

　첫째, 거래가 종료된 후에도 거래상대방과의 지속적인 거래관계를 유지하기 위하여 사후적으로 거래사실을 DB화하여 새로운 계약을 창출하여야 한다. 즉 DB마케팅을 도입함으로써 거래상대방의 요구를 충족할 수 있는 상품을 개발 또는 거래상대방과 상품에 대한 정보를 교환하는 등 지속적인 관리가 필요할 것이다.

　둘째, 매매당사자의 의사표시가 컴퓨터 등의 네트워크를 통하여 이루어지는 경우에는 전자매체의 특성상 안전하고 신뢰성 있는 기술적 기반이 결여될 수 있으므로 분쟁이 발생할 소지가 충분히 존재한다. 또한 각국 간의 전자무역 관련 법제가 제대로 정비되어 있지 않거나 관련 법제가 정비되어 있다고 하더라도 그 해석의 차이가 존재하기 때문에 해석의 차이에서 발생하는 법적 분쟁이 발생할 수도 있다. 이러한 분쟁이 발생하지 않도록 하기 위해서는 안전하고 신뢰성 있는 기술적 기반이 제공되어야 하고, 전자무역 관련 법제의 통일화가 선행되어야 한다.

제2절 전자무역의 구성요소

1. 무역정보 제공 인프라

　전자무역은 구성요소와 접근방법에 따라 제도적 요소, 기술적 요소 및 상업적 요소로 구분할 수 있다. 제도적 요소는 전자무역거래에 대한 법적, 제도적 차원의 기반과 관련된 사항들이다.

전자무역거래가 기존의 서류를 매개로 한 무역거래와 동일한 법적 효력이 있도록 법적 기반이 조성되어야 전자무역이 이루어질 수 있다. 전자무역과 관련해서 현재 국내 법률적 기반으로는 대외무역법, 무역업무자동화촉진에 관한 법률, 무역거래기반조성법, 전자거래기본법, 전자서명법 등을 들 수 있다. 이러한 법률적 기반을 토대로 전자무역의 원활한 추진을 위한 각종 제도적 기반의 조성이 진행되고 있다. 일례로 무역자동화지정사업자, 전자무역중개기관, 공인인증마크제도, 전자결제제도 등이 전자무역을 구성하는 중요한 제도적 기반이라고 할 수 있다.

기술적 요소는 다량의 전자적 무역거래가 원활하게 이루어질 수 있도록 필요한 하드웨어, 소프트웨어, 통신망 등의 구비를 통한 기술적 차원의 기반을 의미한다. 구체적으로 전자문서, 전자카탈로그 및 전자결제 등에서의 표준화 작업과 다양한 전자무역거래를 위한 각종 솔루션과 서비스에 개발 및 초고속정보통신망 등이 필요하다. 기술적 기반은 전자무역을 추진하는 기업의 내부적 기술기반인 ERP, KMS 등과 EDI, 인터넷, CALS, SCM 등의 기업 외부의 기술적 기반으로 구분될 수도 있다. 이러한 기술적 기반은 기업 내 정보의 원활화는 물론 유관 기관 및 타 기업과의 업무가 중단 없이 이어질 수 있을 때에 그 효율성이 배가되는 것이다.

상업적 요소는 전자무역의 구성요소 중 가장 핵심을 이룬다고 할 수 있는데, 상업성이 없는 전자무역은 결코 지속될 수 없기 때문이다. 전자무역의 상업적 요소란 전자적으로 무역 관련 비즈니스를 수행할 수 있는 상업적 기반의 구축을 의미한다. 전자무역의 상업적 요소에는 대상 상품과 콘텐츠, 관련 물류 및 결제, e-마켓플레이스, 전자무역 전문인력 및 참여기관 등이 여기에 해당된다.

1) 대한무역투자진흥공사

대한무역투자진흥공사가 운영하는 웹사이트(www.kotra.or.kr)에서는 세계

180여 개국의 정치, 경제, 무역, 투자, 마케팅 등의 국가정보를 제공하고 있다. 이 사이트는 전 세계 80여 국가에 소재하고 있는 KOTRA 무역관을 통하여 각국의 경제, 무역 및 투자 관련 최신정보를 수입하여 서비스하고 있고, 상거래 체크포인트, 현지 히트상품 현황, 진출성패사례, 수입규제 등의 유용한 정보를 제공하고 있다.

1980년대에는 중소기업의 국제화에 따라 중소기업 위주의 지원정책을 추진하였다. 1982년 서울국제무역박람회를 개최하였으며, 1988년 이후에는 격년으로 무역행사를 주관하고 있다. 1986년 이후에는 통상마찰대응책을 수립하고 대일무역 불균형 개선사업을 중점적으로 추진하였으며, 1992년에는 중소기업 수출 성약지원, 수출유망상품 발굴 지원, 해외무역관 중소기업 지사화 등의 3대 전략사업을 추진하였다.

1995년 국내 업체의 해외투자 지원 및 선진 외국기업의 대한투자 유치업무를 수행하기 위하여 대한무역투자진흥공사로 이름을 바꾸고 2000년 7월에는 홈페이지를 개설하여 해외 시장정보를 제공하고 있다. 이 홈페이지를 통해 각종 사업에 온라인 형태로 참가할 수 있으며, 각국 해외무역관의 서브페이지가 개설되어 있어 현지 무역관과 온라인으로 직접 교류할 수 있다. 이 밖에 실크로드21이라는 거래알선 포털 사이트와 전자 카탈로그 사이트 KOBO가 개설되어 있다.

주요 활동으로 중소기업의 해외시장 진출을 지원하기 위해 수출 외에 다양한 형태의 무역거래 알선사업을 수행하고 있으며, 해외시장 정보수집 및 제공사업, 해외 전시사업, 해외 홍보사업, 두사신흥사업, 국내 산업과 상품의 해외소개 및 선전, 해외무역관 설치 운영, 기타 산업자원부장관이 정한 수출입업무 등의 무역진흥사업을 추진하고 있다.

2) 한국무역협회

한국무역협회(韓國貿易協會, Korea International Trade Association)는 무역업체를 회원으로 조직·운영되는 민간 경제단체이다. 영문 머리글자를 따서 KITA로 약칭한다. 1946년 7월, 8·15광복 직후의 정치·경제·사회적 혼란 속에서 무역 증진·확대의 지원을 위하여 사단법인으로 설립되었다. 경제 4단체 가운데 하나로, 무역업계의 의견을 수렴·조정하고 무역 진흥에 필요한 제반 사업을 수행함으로써 무역업계의 권익을 옹호하는 한편, 궁극적으로는 국민경제 발전에 이바지하는 데 목적이 있다.

주요 업무는 각종 무역 진흥과 관련된 조사·연구·상담, 거래 알선 및 대행, 정보 제공 및 자료의 간행, 통상협력 및 홍보, 해외시장 개척 및 전시, 교육훈련 및 연구, 화주(貨主)의 권익 옹호, 대정부 건의 및 답신, 정부 수임 업무, 한국종합무역센터 운영 등이다. 즉 무역업계의 건전한 육성과 무역 증진을 위한 정부와 업계 간의 교량 역할을 담당하며, 업계의 애로사항을 정부에 건의하여 정책결정에 반영시키며, 통상협력 등 해외 수출 지원과 정부의 정책 결정사항 및 무역정보 등을 회원사들에 주지시키는 등의 업무를 수행한다.

2000년에는 아셈(ASEM: 아시아유럽정상회의) 컨벤션센터를 개관하고, 한국종합무역센터 확충사업을 완료하였고, 같은 해 10월 제3차 아시아유럽정상회의를 성공적으로 개최하였다. 《일간무역》, 《코리아 익스포트》, 《코리아 트레이딩 포스트》, 《무역연감》 정보·간행물 등을 펴내고 있다. 본부는 서울특별시 강남구 삼성동 한국종합무역센터에 있다.

2. 무역 e-마켓플레이스

e-마켓플레이스는 복수의 구매자(바이어)와 판매자를 하나의 집중된 전자 시장에 집결시키고 각 전자 시장의 규칙 따라 결정되는 동적인 가격에 의해 서로 매매할 수 있도록 지원하는 기업 간 인터넷 가상 거래 공간이다.

인터넷에서 불특정 다수의 공급자와 수요자 간의 비즈니스를 유발시키는 가상의 시장으로, 현재는 무역계약을 체결하기 이전 단계인 기업 및 제품의 홍보, 거래조건의 조회 및 협상 등과 계약의 사후관리 단계인 고객관리 및 분쟁해결의 가장 중요한 역할을 담당하고 있다. 한국에서는 무역거래알선사이트가 무역을 위한 e - 마켓플레이스의 역할을 해 왔으며, 글로벌 커머스의 확산으로 산업별 통합모델 등도 전자무역을 수행하는 e - 마켓플레이스로 발전해 나가야만 한다. 기업들의 구매와 판매비용을 크게 낮출 수 있는 일차적 장점 이외에도 제품 개발사이클 단축, 공급 업체와의 협력, 제품 단가 절감 등 효과를 가져다주고 있다.

최근에는 CRM, 전자 청구 및 지불 시스템, 카탈로그 관리, 재고 관리 등 새로운 서비스가 추가돼 구매자와 판매자 간의 효율적인 협력을 통하여 시장 개척, 매출 확대, 생산성 향상 등의 효과를 기대할 수 있게 한다.

전자거래알선 사이트(e - 마켓플레이스)의 주요 기능은 아래와 같다.

1) 오퍼정보 열람

일반적으로 게시판 정보는 3가지로 구성되어 있다. 첫째, Offers to Buy는 무역업체가 수입을 원하는 품목의 오퍼가 게시되고 둘째, Offers to Sell은 무역업체가 수출을 원하는 품목의 오퍼가 게시되며, 마지막으로 Biz Offers는 Joint Venture, 해외에 대리점 개설 등 국제 사업협력을 원하는 업체의 오퍼가 게시된다. 오퍼정보를 열람하고자 할 경우 단순히 오퍼타입을 Offers to Buy(수입), Offers to Sell(수출) 및 Biz Offers(국제협력) 중에서 선택하여 클릭하면 검색결과가 나타난다. 검색결과는 해당 타입의 모든 오퍼가 최근에 등록된 순서대로 한 페이지에 나열되고 게시된 오퍼 중 제품이미지를 포함하고 있는 경우도 있다. 오퍼의 세부내용은 품목명을 클릭하면 열람할 수 있고 즉시 전자우편으로 연락이 가능하다.

2) 오퍼정보 검색

오퍼정보 검색은 통상 특정 관심품목의 오퍼만 키워드로 검색하는 경우를 의미한다. 검색을 위한 키워드를 입력해야 원하는 오퍼가 검색되는데 그 요령은 검색하고자 하는 오퍼에 포함되었을 가능성이 높은 단어들(예: 상품명,

국가명, 회사명 등)을 키워드로 입력해야 한다. 너무 많은 단어를 입력하거나 상품 규격 같은 세부사항을 입력하면 검색에 실패할 가능성이 높다.

따라서 일반적으로 통용되는 단어를 입력하고 검색결과를 점검 후 구체적인 단어를 선택하는 것이 좋다. 또한 사이트에 따라서 검색에 관한 옵션을 다양하게 구사하여 보다 정확한 정보를 검색할 수 있도록 지원하고 있다.

검색결과는 입력된 키워드와 일치하는 단어를 가진 총 오퍼가 나열되는데 각 오퍼의 세부내용을 열람하고자 할 경우 제목을 클릭하면 되고 세부 오퍼 내용 조회 후 해당업체와 거래를 원할 경우 해당 오퍼의 Send an inquiry 부문을 클릭하면 오퍼를 등록한 업체의 담당자에게 Inquiry를 E-mail로 즉시 송부할 수 있다.

3) 오퍼 등록

상대방이 등록한 오퍼를 검색하는 것뿐만 아니라 무역업체 스스로 자기의 오퍼를 등록할 수 있는데 이를 오퍼 등록이라 한다. 웹 사이트의 회원만이 가능하고, 회원 가입 시 회사정보가 이미 입력되어 있으므로 상품정보 입력만으로 오퍼 등록이 가능하고 상품이미지를 오퍼에 첨부할 수 있는 Visual Offer 기능의 이용이 가능하다.

오퍼 내용의 입력 시 신뢰성 제고를 위해 가급적 상세하고 성실하게 입력하는 것이 필요하고 오퍼 입력 시 거래상대방이 접근할 수 있는 단어를 망라하여 입력함으로써 검색이 용이하게 이루어지도록 해야 한다.

4) 상품 카탈로그 정보의 검색

상기한 오퍼정보가 문자정보라면 상품 카탈로그는 이미지 정보라고 할 수 있다. 이는 사용자가 작성한 홈페이지와 홈페이지 내의 상품정보인 전자 카탈로그는 제품 카테고리별로 분류되어 있어 키워드 검색과 카테고리별 검색이 가능하다.

검색요령은 오퍼정보의 검색과 유사하고 검색결과 화면에 해당키워드를 포함하고 있는 정보가 나타나며, 제품이미지를 등록한 경우 리스트에 작은 크기의 이미지와 함께 제품명과 업체명 및 제품설명이 나타난다. 세부내용을 조회하려면 제품이미지나 제품명을 클릭하면 해당제품의 카탈로그 내용이 나타나고 업체명을 클릭하면 해당 업체의 회사정보가 나타난다.

5) 홈페이지 자동작성 시스템

통상적으로 해외 사이트에서 제공하지 않는 기능으로서 사용자 스스로 전자카탈로그 또는 홈페이지를 등록하거나 제작할 수 있다. 사용자는 스스로 이미지 파일을 준비하여 웹 사이트에서 제공하는 메뉴에 따라 입력하면 홈페이지가 정해진 원칙에 따라 자동으로 제작된다.

6) 주문형 오퍼정보 수신

주문형 오퍼수신은 매일 새로이 발생되는 오퍼정보 중 회원이 등록한 키워드에 해당하는 오퍼자료를 자동 검색하여 회원의 E-mail 주소로 송신하는 기능을 말한다. 따라서 회원은 검색기능을 통해 검색하지 않아도 관심품목의 오퍼정보의 검색이 가능하다. 또한 등록된 주제어를 클릭하여 오퍼자료를 검색할 수 있다.

키워드 입력 시 관심품목의 해당 자료에 들어 있을 단어를 짐작해서 입력하면 되는데 지나치게 자세한 사항을 입력하면 검색이 되지 않을 경우가 많나. 복수형과 같이 끝이 다르게 끝나는 단어들 모두 찾을 경우 와일드카드를 사용할 수 있다. 오퍼종류는 Buy, Sell, All 중 하나를 선택해야 하는데 수출인 경우 Buy를 선택하면 되고, 수입을 원하면 Sell을 선택하면 된다.

7) 거래오퍼 관리시스템

전송한 오퍼를 사후에 관리하는 기능으로서 사용자가 게재한 오퍼의 제목과 건수가 나타나며 Repost, Delete 기능을 이용할 수 있다. Repost는 오퍼리스트에 나타난 이미 게재된 오퍼의 내용을 수정하여 다시 전송할 때 사용하며 Delete는 오퍼의 내용이 더 이상 유효하지 않을 경우 삭제하는 기능이다.

3. 전자무역플랫폼

전자무역플랫폼은 은행, 세관, 항만, 물류업체, 요건확인 기관 등 무역 관련 주체들이 연계되어 협업서비스를 실현한다. 무역업체는 전자무역플랫폼을 통해 시장조사, 거래선 발굴, 상역, 외환, 통관, 물류, 결제 등의 모든 무역절차를 기업내부시스템과 연동하여 일괄 처리한다.

전자무역플랫폼이 이러한 다양한 기능을 일괄 제공하는 단일창구로서의 기능을 한다는 점이 전자무역플랫폼 서비스의 제공 주체가 반드시 단일 기업이거나 혹은 서비스의 모든 기능이 단일 시스템 내에 통합되어 있음을 의미하지는 않는다. 오히려 이러한 사고는 개방성과 다양성으로 대표되는 인터넷 환경하의 전자무역의 가능성을 제약하게 될 것이다.

반대로 전자무역플랫폼은 다양한 무역프로세스상의 기능별 서비스가 어떤 기업에 의해 제공되는지의 여부에 관계없이 실제 사용자 기업의 입장에서는 '마치 단일 서비스 창구'를 통해 모든 서비스를 활용하듯이 업무를 처리할 수 있는 서비스를 제공할 뿐이다.

따라서 전자무역플랫폼은 각지에 산재한 여러 기능별 서비스를 연계·통합하고 이를 사용자 중심의 인터페이스를 통해 편리한 접근을 제공하는 데 의의가 있다. 이러한 의미에서 전자무역플랫폼은 여러 관련 기업들을 연결하여 하나의 가상기업으로 묶는 인터넷상의 가상 인프라네트워크를 구성한다고 할 수 있을 것이다.

1) 전자무역플랫폼의 필요성

전자무역이 실질적으로 이루어지기 위해서는 무역 관련 기업 간 시스템 통합으로 협업(Collaboration)프로세스를 구축하는 것이 필요하다. 하지만 앞서 설명한 바와 같은 기능을 갖춘 전자무역플랫폼 서비스가 제공되지 않을 경우 무역업체는 수출입유관기관, 물류업체, 금융기관과 거래정보의 시스템 연계를 위해 각 해당 기관들과 개별적으로 시스템을 연결하여야 하는데, 이를 위해서는 막대한 투자비용이 소요되어 일부 대기업을 제외한 대부분의 기업에는 실행이 불가능하다. 그러나 전자무역플랫폼을 활용할 경우 무역업체의 시스템은 플랫폼과의 연동만으로 무역업체 입장에서는 필요시 어느 기관(수출입유관기관, 물류업체, 금융기관 등)의 시스템과도 완전히 연동될 수 있는 장점이 있다.

이 경우 단순히 시스템을 중복적으로 개발해야 하는 어려움은 물론 무엇보다도 막대한 금액을 투자하여 전자무역을 실행함에도 불구하고 프로세스 개선효과가 미미할 수밖에 없다는 한계가 있다. 이 경우 기업 간 1 : 1 방식에 의한 전자무역을 실행하기 때문에 기존 프로세스를 전자화할 뿐, 중간단계의 생략이나, 중복문서의 생략 또는 공동처리 등의 전자무역의 프로세스 개선효과를 충분히 누릴 수 없다.

또한 전자무역의 여러 서비스 모델을 제공하는 기업 측면에서는 효과적인 전자무역플랫폼이 제공되지 않을 경우, 서비스 종류에 관계없이 모든 기업들이 서비스 역량과 시스템인프라 구조를 보유해야 한다는 문제에 봉착한다. 그러나 전자무역플랫폼이 제공될 경우에는 대부분의 전자무역 서비스 모델들은 시스템 영역에 대한 투자를 최소화할 수 있는 장점이 있다.

2) 전자무역플랫폼의 기능

전자무역플랫폼은 무역을 행하는 기업들이 전체 무역프로세스를 원스톱으로 처리할 수 있는 싱글윈도우(single window) 환경을 제공한다. 이러한 기능을 수행하기 위한 대표적인 기능적 요구사항은 다음과 같다.

첫째, 무역프로세스에 관련된 다양한 기관과의 시스템 연계를 위해서는 다양한 인터페이스 방식의 통합이 필요한데, 자연스러운 업무프로세스를 구현하기 위해서는 각 프로세스의 유기적 연계 및 통합 기능이 필요하다.

둘째, 전자무역플랫폼은 전자무역 Repository를 구축하고 운영할 필요가 있다. 즉 전자무역 Repository를 전자무역플랫폼과 연계하여 구축하고 보안 및 장애 관리 등을 포함한 운영자 역할을 수행하는 것이 바람직하다.

셋째, 무역 관련 여러 기업들과의 협업프로세스 제공을 위한 연계 솔루션을 개발하여 제공하여야 한다. 상역, 물류, 금융, 통관 서비스 제공 주체들, 즉 관세청, 수출입유관기관, 은행, 보험사, 물류업체 등과의 연계 솔루션을 개발하고 연계시스템을 구축하여 운영함으로써 무역기업들이 전자무역플랫폼 내에서 전체 무역프로세스를 원스톱 처리할 수 있도록 해야 한다.

넷째, 전자무역플랫폼은 전자문서에 PKI 전자서명을 적용하여 거래의 신뢰성 및 안전성을 보장함은 물론, e-비즈니스의 국제표준인 ebXML을 채택하여 상호 일관된 거래방식을 제공해야 한다.

다섯째, 무역업체가 전자무역플랫폼을 용이하게 이용할 수 있는 다양한 접근방안 및 연계모듈을 개발하여 제공해야 한다.

전자무역플랫폼은 전용 S/W를 통한 접속과 웹브라우저를 통한 접속 등 다양한 접속 방식을 제공하고, 개별기업의 기간시스템 또는 내부시스템과 연계함으로써 무역프로세스를 마치 기업 내부의 업무프로세스와 마찬가지로 처리할 수 있음은 물론, 더 이상 국내시장과 해외시장의 구분이 없는 글로벌 무역환경이 가능해지게 된다. 또한 무역ASP 서비스 등 중소기업이 보다 손쉽고, 경제적으로 전자무역인프라에 접근하고 활용할 수 있는 수단을 제공하는 것도 전자무역인프라 활용률을 보다 높일 수 있는 방법이 된다.

3) 전자무역플랫폼의 구조

(1) 기능적 측면

전자무역플랫폼은 일반적으로 구조상 최하단에 위치하는 기반플랫폼, 기반플랫폼을 토대로 인증·보안, 결제, 물류 등의 구체적인 기능별 서비스를 제공하는 기능적 요소 그리고 콘텐츠, 커뮤니티, 커머스, 협업 등을 의미하는 4C 등 세 가지 수준으로 구성될 수 있다. 이 가운데 기반플랫폼이 전자

무역플랫폼의 가장 핵심적이고 필수적인 구조적 요소이며, 나머지 두 요소
는 경우에 따라서는 외부의 e-마켓플레이스나 전문 서비스를 활용할 수도
있을 것이다.

첫째, 기반플랫폼은 다양한 시스템과 서비스를 연계·통합하여 다수의 무
역 당사자 기업은 물론 무역거래에 관련된 기업 간의 전자적 거래활동을 지
원한다. ebXML과 같은 e-비즈니스 표준언어를 활용하여 개발되어 여러 플
랫폼 간의 호환성 내지는 연계성을 확보함으로써 거래프로세스의 지원은 물
론 B2B 익스체인지나 거래기업과의 시스템 연계 또는 통합을 통한 실시간
정보공유 및 거래시스템을 구현한다.

둘째, 전자무역플랫폼에서는 기반플랫폼을 토대로 하여 구체적인 기능별
서비스가 구현된다. 이러한 기능들은 기업 간 거래의 프로세스를 구성하는
개별기능들로서 신용평가, 인증 및 보안, 결제, 물류 등이 대표적이다. 특히
인터넷이라는 개방적 네트워크를 통해 이루어지는 전자무역의 특성상 보안
및 인증, 결제, 기업신용정보 등의 기능이 강조된다. 이러한 기능적 요소들
이 제대로 작동하기 위해서는 효율적인 프로세스 및 서비스 역량과 이를 뒷
받침하는 기술적 시스템적 역량이 균형을 이루어야 한다.

셋째, 전자무역플랫폼은 또한 콘텐츠, 커뮤니티, 커머스 그리고 협업 등의
이른바 4C서비스도 제공하게 될 것이다.

(2) 서비스 운영 측면

지금까지 인터넷 환경 하에서의 바람직한 전자무역의 인프라 모델로 '통
합전자무역플랫폼'을 제시하였다. 통합전자무역플랫폼은 전자무역의 모든
프로세스를 통합적으로 처리할 수 있는 역량을 갖추어야 한다. 그러나 반드
시 단일 사업자 또는 서비스가 통합전자무역플랫폼을 구현하는데 필요한 관
련시스템을 구축하고 이를 토대로 여러 기능적 요구사항을 구현할 필요는
없다. 여기서 '통합'이라 함은 기능적 통합을 의미할 뿐, 즉 사용자에게 통
합적 서비스를 제공되어야한다는 측면을 강조할 뿐 이 서비스의 제공주체
자체가 통합적인 단일주체이어야 함을 전제로 하지는 않는다. 예컨대, 무역

자동화시스템의 경우와 같이 단일사업자에 의해 인프라를 구축하고 서비스를 제공해야할 함을 뜻하지 않는다.

현실적으로도 어느 단일 기업이 전자무역 구현에 필요한 모든 인프라 요소를 단기간에 구성하기는 곤란하기 때문에, 각 영역에 특화되고 전문화된 서비스 간에 협력네트워크를 통해 통합전자무역플랫폼이 구현될 수 있을 것이다. 즉 시장기능에 따라 다양한 방식의 인프라 서비스 모델들이 생겨나고 이들 간에 고객확보 경쟁을 통해 시장 지배적 지위를 확보한 소수의 전자무역플랫폼이 탄생하게 될 것이다. 이처럼 경쟁의 결과로 도출되는 전자무역플랫폼은 아마도 단일기업의 형태라기보다는 주도적 플랫폼 모델을 기반으로 다양한 기능별 인프라서비스들이 네트워크 형태로 결합된 구조를 띠게 될 것이다.

그런데 이러한 방식의 인프라 구성에 대한 한 가지 우려는 인프라별 경쟁에 의한 호환성 부족으로 중복가입 및 투자의 문제가 제기될 수 있다는 점이다. 그러나 경쟁과정을 거치면서 선택된 대표적인 전자무역 인프라 간에도 점차적으로는 상당수준의 연계 및 통합이 진행되어 사용자 기업의 입장에서는 특정한 인프라 서비스의 선택여부를 기능적 서비스 역량의 측면에서 결정하는 것으로 충분하게 될 것이다. 그러므로 정책적 측면에서도 초기 경쟁과정에서의 불확실성과 연계성 문제를 해결하기 위해 경쟁을 제한하기보다는, 가능한 빠른 시간 내에 경쟁관계가 정착되고 상호 충분한 연계와 협력을 통한 안정적인 서비스 단계로 이행할 수 있도록 하는 데 초점을 두어야 한다.

제3절 전자무역마케팅

1. 마케팅단계

전자무역의 마케팅은 무역계약을 체결하기 위하여 해외시장조사를 통해 아이템을 발굴하고 특정 품목을 구입할 의사가 있는 신용 있는 바이어를 찾아내는 것을 의미한다. 이러한 마케팅 프로세스는 정형화된 프로세스가 아니며 무역업체의 규모, 대상국가 등에 따라 프로세스의 내용이 매우 다양하게 나타날 수 있는데, 일반적으로 무역업체(화주)와 직접적으로 관련이 있는 업무를 중심으로 살펴보면 시장조사, 상품홍보, 거래선 발굴, 신용조사, 거래상담 단계로 구분할 수 있다.

1) 해외시장조사

(1) 해외시장조사의 정의

국제 무역거래에 있어서 상품을 수출하고자 할 때는 우선 목표시장을 선정하고 진출 전략을 수립하는 것으로부터 시작해야 한다. 이러한 전략을 수립하기 위하여 수출상품에 대한 해외시장조사가 선행되어야 하며, 또한 무역거래를 성공적으로 수행하려면 거래 상대방에 대한 철저한 분석이 이루어져야 한다. 이러한 일련의 활동을 해외마케팅이라고 한다.

해외시장조사는 개별무역거래 대상국 시장의 투자환경 및 상품시장의 기회를 파악하고 각 해외시장 간의 유사점과 상이점을 비교·분석하여 진출하고자 하는 목표시장의 수요를 포함한 전반적인 시장기회를 파악하는 것이다. 따라서 해외시장조사는 무역정보수집 및 아이템선정, 시장 및 고객정보수집 그리고 수출입 통계분석 등으로 요약할 수 있다.

다시 말해서, 해외시장조사는 상품을 생산자로부터 소비자에게로 유통·판매하는 것과 관련된 해당 문제에 대한 모든 사실을 수집, 기록, 분석하는 활동이라고 정의할 수 있다. 일반적으로 이에 대한 조사항목으로서는 해당 상품에 대한 목적시장에서의 지리적, 정치·경제적, 사회적 조건을 기초로 하여 상이한 상관습에 대한 대응책이 강구되어야 하며, 이를 기초로 품질, 가격, 납기, 결제방식 등의 마케팅 요소의 접목을 필요로 한다.

무역일반정보 및 산업, 국가, 업종, 품목 등에 대한 무역정보 수집은 주로 업종별 협회, 민간 리서치기관, 대사관, 무역협회 및 KOTRA 등 무역 유관기관을 활용하여 이루어지며, 이를 통해 획득한 온라인·오프라인 시장정보를 종합적으로 판단하여 진출 아이템을 선정하고, 아이템 선정 후 진출지역 및 국가를 선택하여 세분화된 시장 및 고객정보를 수집하여, 수출입통계 및 요령을 검토함으로써 구체적인 상품홍보 계획을 수립한다.

(2) 해외시장조사의 실행과정

① 시장세분화

해외시장조사는 무역거래의 최초 단계로서 특정상품에 대한 수출가능성을 분석하여 목표시장을 선정한 다음 그 시장의 환경, 상관습 및 각종 상품의 정보를 조사하는 것을 말한다. 이 같은 해외시장 조사 활동은 시장의 공간적, 시간적인 격차를 극복하면서 시장세분화 전략에 따라 목표시장을 선정하고 수출기회를 확인하는 과정이라고 할 수 있다.

이 과정을 효율적으로 수행하기 위해서는 특정 품목의 수출실적, 대상 시장의 경제적 특성 및 소비자 기호를 조사하여 유사한 시장을 집단화하여야 한다. 또한 해외시장의 고객욕구 만족과 자원의 효율적인 배분을 사전에 인지하여야 하고 그 시장의 인구통계, 문화적 특성 및 지리적 기준 등도 고려해야 한다. 이러한 시장세분화는 인터넷에서 제공하는 각종 국가정보, 통상정보를 통하여 수집이 가능하다.

② 목표시장의 선정

어떠한 무역업체도 전 세계를 대상으로 마케팅을 할 수 없기 때문에 해외시장 진출 가능성이 있는 국가를 설정해야 한다. 이를 목표시장의 선정이라고 하는데 먼저 고려할 것은 국가위험도로서 정치, 경제, 법률적 위험을 측정해야 한다. 또한 해당 국가의 시장잠재력, 성장가능성, 무역정책 등을 감안하고, 선정된 변수와 가중치를 근거로 국가를 평가한다. 그리고 정해진 국별 순위로 해외진출 여부를 결정하면 된다.

③ 거래선 발굴 대상

목표시장이 선정되면 그 시장의 거래선을 발굴하는 절차로 이어지게 된다. 우선 1차 대상으로 그 시장의 수입업자를 파악해야 하고, 다음으로 2차 대상으로 유통업자, 백화점 등을 수집해야 한다. 아울러 최근 인터넷의 확산으로 최종소비자도 무역업체의 바이어가 될 수 있다는 점을 고려해야 한다.

현재 이러한 정보를 제공하는 웹사이트로는 크게 거래알선사이트와 온라인 웹 디렉터리가 있다. 거래알선사이트는 실시간으로 제공되는 바이어와 셀러의 정보를 제공하는 것이고 온라인 웹 디렉터리는 단순히 해당 국가의 수출입 업체리스트 형태로 제공된다. 따라서 전자는 수적으로는 적지만 정보의 정확성 측면에서는 우수하다고 할 수 있다.

④ 해외시장 조사기법

해외시장을 조사하는 기법은 다양하겠지만 무역업체에서 손쉽게 접근할 수 있는 것은 수출입 통계분석이라고 할 수 있다. 특정 품목의 연도별, 국가별 수출입 실적을 분석하면 그 품목이 언제, 어느 국가에 수출이 되는지를 파악할 수 있다. 이렇게 파악된 국가를 대상으로 수출마케팅을 시작하고 해당 국가의 품목별 바이어리스트를 입수하여야 한다.

이러한 리스트를 입수하는 방법으로는 웹사이트의 활용, CD - ROM 및 디렉터리 등을 참고하면 된다. 그러나 입수한 바이어가 전부 신뢰성 있는 바이어는 아니기 때문에 Excel과 같은 Spreadsheet 소프트웨어를 활용하여 거래제의 단계에서 계약이행에 이르기까지 일목요연하게 해외바이어를 철저히 관리해야 한다.

최근에는 인터넷을 활용한 시장정보제공 사이트, 무역정보 및 무역알선 사이트, 검색엔진 등을 통하여 해외시장 정보를 수집할 수 있다. 그러나 인터넷을 활용하여 해외마케팅 활동을 한다고 할지라도 사전에 철저한 시장조사를 수행해야 하는 것은 변화가 없다는 점을 인식하는 것이 매우 중요하다.

인터넷을 이용한 해외시장조사는 다양한 검색엔진과 정보제공 서비스에 의해 관련 사이트들이 결합하여 시장조사 항목을 제공하고 있을 뿐만 아니라 거래알선까지 도모하고 있음은 전자무역이 제공한 실질적인 편익이라고 할 수 있다. 또한 막대한 비용을 들이지 않고서도 전자 카탈로그 등을 통해 전 세계를 대상으로 자사의 가치를 나타낼 수도 있다.

2) 인터넷을 이용한 거래선 발굴

(1) 거래선 발굴 기법
① 무역유관기관 활용

거래선을 발굴하는 실질적인 방법으로 한국무역협회, 대한무역투자진흥공사, 중소기업진흥공단 등 무역유관기관을 활용할 수 있다. 무역 관련 기초자료로 유관기관에서 소장하고 있는 무역통계, 지역별 시장동향자료, 국별 수출입업체 디렉터리를 활용하면 일반적인 정보를 수집할 수 있으며 수출입은행에서 발행하는 각국의 시장정보를 활용하여 해당 국가의 정보를 얻을 수 있다.

한편 국내에 주재하고 있는 외국공관의 상무관 및 자료실에 비치된 자료를 이용하거나 해외공공기관(WTC, ICC)을 직접 접촉하여 활용하면 해당 국가의 수입업체를 입수할 수 있다.

② 해외홍보매체 광고

거래선을 발굴하기 위해서 해외홍보용 카탈로그를 제작하여 예상 거래선에 배포하거나 국내외 광고매체를 활용할 수 있다. 광고매체는 매우 다양하기 때문에 광고매체의 성격, 배포부수, 배포지역, 독자층 등을 신중히 분석하여 적당한 매체를 선정하는 것이 효과적이다.

③ 전시회 및 박람회 참가

적극적인 거래선 발굴방법으로 해외전시회 및 박람회에 참가하는 방법이 있다. 이는 현지에서 직접 바이어와 상담을 통하기 때문에 가장 효과적인 방법이라고 할 수 있으나 비용과 시간적인 면에서 부담이 되는 것은 사실이다. 따라서 전시회참가는 사전에 철저한 준비와 접촉할 바이어의 명단을 갖고 상담일정을 수립하여 참가하는 것이 보다 효율적이다.

(2) 인터넷 거래선 발굴의 의의 및 특징

① 전자거래 알선의 개념

전자거래 알선은 무역업체가 인터넷을 이용하여 자사의 회사정보 및 상품정보를 전 세계 바이어에게 홍보하는 동시에 웹 사이트에 등록되어 있는 오퍼정보를 검색 또는 열람을 통하여 거래선을 발굴하는 것을 의미한다.

이러한 기능을 지원하는 웹 사이트를 거래알선 사이트 또는 무역사이트라고 칭하며 최근 무역유관기관 및 개별업체에서 다양한 사이트가 개발, 운영되고 있어 무역업체는 웹 사이트의 취사선택을 통하여 회원으로 가입한 후 무료로 활용할 수 있다. 회원가입은 단순히 회사정보에 대한 세부사항을 입력하면 되고 ID와 Password를 정하여 사용하면 된다.

② 전자거래 알선의 흐름

먼저 국내의 무역업체는 전자거래알선사이트를 활용하기 위하여 회원으로 가입한 후 자사의 홈페이지 및 상품 카탈로그, 오퍼 등을 작성하여 알선사이트에 등록한다. 한편 해외의 무역업체도 국내의 무역업체와 마찬가지로 회원가입, 카탈로그 및 오퍼 등록을 한다.

국내 무역업체 및 해외의 무역업체는 거래알선사이트를 통해 자사의 회사정보 및 상품정보를 전 세계 바이어에게 홍보하는 동시에 웹 사이트에 등록되어 있는 오퍼정보를 검색 또는 열람을 통하여 거래선을 발굴한다.

③ 전자거래 알선의 특징과 장점

전자거래알선은 다양한 특징을 가지고 있다. 먼저 시간적, 공간적인 제약이 없어 언제 어디서나 사용이 가능하고 목표시장의 표적 집단에 대한 접근이 용이하다. 또한 인터넷은 쌍방향 통신이 가능하여 실시간의 정보를 공유할 뿐만 아니라 멀티미디어 정보의 유통도 가능하다. 따라서 전통적인 거래알선 방법에 비하여 소요경비를 절감할 수 있으며 오퍼정보의 효과측정 및 피드백도 가능하다.

이러한 특징으로 인하여 무역업체는 최신정보를 신속하게 획득하여 업무

처리시간을 단축할 수 있고, 시간과 공간을 초월한 전자상거래의 구현이 가능하다. 또한 수출 부대비용이라고 할 수 있는 통신비, 사무비등 행정비용의 절감을 가져오고 전 세계 바이어를 상대하여 고객욕구에 신속한 대응을 꾀할 수 있다. 한편 생산자와 소비자 간의 직거래를 실현하여 양방향 매체 특성을 활용한 신규 사업의 창출도 가능하다. 아울러 국내외를 연결하는 표준화된 사내 전산망(인트라넷) 구축도 구현되고 있다.

(3) 인터넷을 통한 거래선 발굴 과정

인터넷을 통한 거래선을 발굴하려면 무역업체는 우선 전자메일과 홈페이지를 보유하여야 한다. 이는 거래선을 발굴하는 데 필수적인 요소이기 때문에 많은 웹사이트에서 무료로 제공하고 있다. 이러한 요소를 구비하여 거래선을 발굴하는데 이를 구체적으로 나열하면 먼저 홈페이지 또는 웹 사이트의 구축을 통한 상품홍보를 해야 하고, 전자메일을 통한 거래제의 서신을 발송해야 한다.

또한 뉴스그룹 등 동호인집단에 대하여 집중적으로 홍보할 뿐만 아니라 해외 유명 검색엔진에 홈페이지 주소를 등록하여 바이어를 유인하여야 한다. 한편 전자 카탈로그의 제작을 통한 홍보와 웹 사이트의 상호링크를 통한 홍보, 해외유력 사이트와의 상호 무료광고 교환을 추진하고 세계 유력 거래알선 사이트도 검색하여야 한다.

2. 전자무역 계약단계

1) 전자무역 계약의 의의

(1) 전자무역 계약의 개념

전자무역 거래를 성사시키려면 당해 거래 상품에 대한 무역계약의 체결이 필요한데, 무역계약이란 국제간에 이루어지는 매매계약으로서 수출업자가 수입업자에게 거래 상품의 소유권을 양도하여 상품의 인도를 약속하고 수입업자는 이를 수령한 후 그 대금을 지급할 것으로 약정한다.

무역계약의 기본적 계약은 매도인과 매수인 사이에 체결되는 국제무역매매계약으로서 매도인 측에서 보면 수출계약이며 매수인 측에서 보면 수입계약이다.

(2) 전자무역의 기본계약과 부속계약

일반적으로 국제물품매매계약은 격지 간의 거래이기 때문에 국제물품매매계약을 주계약으로 하며 이를 이행하기 위하여 주계약을 토대로 하는 세 가지 부속계약이 필요하다.

먼저 물품이 매도인으로부터 이동하여 매수인에게 도달하기 위해서는 전문운송인과의 운송계약이 필요하다. 운송방법은 해상운송, 항공운송, 육상운송 또는 복합운송 등이 있으며 운송방법, 운송계약 체결의 당사자, 운임의 부담자 등 운송계약의 내용은 매매당사자 간에 별도의 합의가 없는 한 매매계약서에 나타난 정형거래조건에 따라 결정된다.

다음으로 물품운송 중의 위험을 담보하기 위하여 해상적하보험계약이 필요하다. 그 세부적인 내용으로 물품운송 중 그 위험을 누가 부담하느냐와 보험계약 체결의 당사자, 보험료의 부담자 등은 매매계약에서 별도의 약정이 없는 한 운송계약의 경우와 마찬가지로 매매계약상의 정형거래조건에 따라 결정된다.

마지막으로 매도인은 물품대금을 회수하기 위하여 화환어음을 준비하여 이를 은행에 화환체결을 하게 된다. 화환어음은 환어음에 선적서류가 첨부된 것으로 비신용장 방식인 D/A, D/P계약과 신용장 방식인 L/C계약이 있다.

(3) 전자무역계약의 문서화

일반적으로 계약은 구두에 의한 방법과 서면에 의한 방법이 있다. 무역의 경우 주요 당사자가 이국에 거주하고 있기 때문에 구두계약의 경우 혼란을 야기할 가능성이 커고 무역계약의 경우 서면에 의한 방법을 채택하도록 권고하고 있다. 따라서 거래당사자는 사후 분쟁에 대비하여 거래조건 및 거래 내용에 관하여 상세하게 약정하는 매매계약서를 작성하는데, 본 매매계약서

상에는 품질, 수량, 가격, 결제, 선적, 보험, 포장 등의 기본적인 조항과 준
거법, 클레임, 불가항력, 상사중재 등 당사자 간의 계약이행에 필요한 모든
사항을 포함한다.

무역계약의 방법은 대부분 구두나 서면계약으로 성립된 계약의 내용을 거
래당사자 가운데 한 당사자가 계약서 2통(원본과 부본)을 정리·작성한 후
서명한 다음 상대편에게 송부한다. 또한 계약 당사자 중 어느 한쪽이 발행
한 Offer Sheet나 Order Sheet에 상대 측에서 수락의 서명을 하는 방법이 있
고, Seller가 확정청약의 서신이나 전신을 Buyer에게 발송하면 Buyer는 Seller
에게 수락하는 서신이나 전신을 회신함으로써 서면계약서의 효력을 발생시
키는 방법도 있다.

(4) 전자무역계약의 성립과 효력

① 전자무역계약의 청약과 승낙

법적으로 구속력 있는 무역계약이 성립하려면 당사자 간의 의사합치, 즉
합의에 의하여 성립하는데, 합의는 일반적으로 일방 당사자의 청약과 상대
방의 승낙을 거쳐 이루어진다.

청약이란 청약자가 피청약자와 일정한 조건에서 계약을 체결하겠다는 뜻
을 나타낸 의사표시, 즉 계약체결의 의사표시를 말하며, 승낙은 피청약자가
계약을 성립시킬 목적으로 청약에 응하여 청약자에 대하여 행하는 의사 표
시이다. 승낙은 청약과 합치하여 계약을 성립시키는 것이므로 승낙의 내용
이 청약의 내용과 일치하여야 한다.

② 전자무역계약의 성립시기

전자무역계약은 하나의 청약과 하나의 승낙에 의하여 성립하게 된다. 청
약과 승낙 중 어느 것을 생략하여도 계약은 성립되지 않는다. 승낙이 없는
청약만으로는 계약이 성립될 수 없는 것으로 Offer – Acceptance Rule(OA –
Rule)한다.

전자무역계약의 성립 시기는 청약자의 청약에 대하여 피청약자의 승낙을
전제로 이루어지기 때문에 승낙의 효력발생시기에 따르게 된다. 일반적으로

계약 성립시기를 결정하는 데는 발신주의 원칙과 도달주의의 원칙이 있다. 즉 이것은 상대방의의사에 대한 동의표시가 그 효력을 발생시키는 시기를 어느 시점으로 정하느냐에 따라 계약 성립시점이 달라질 수 있음을 의미하는 것이다.

이와 관련하여 「국제물품매매계약에 관한 UN협약(일명 비엔나 협약)」에서 이러한 청약과 승낙의 효력에 대해 통신의 도달주의 원칙을 채택하고 있다. 즉 동의의 의사표시가 청약자에게 도달되지 않는 한 승낙의 효력은 발생되지 않는다.

③ 전자무역계약의 효력과 이행

전자무역계약의 효력이란 계약조건의 이행을 하는 데 필요한 유효성을 의미하며 이를 충족시키기 위한 최소한의 조건을 말한다.

첫째, 계약조건 당사자가 조건이행능력을 가져야 한다.

둘째, 허위 작성이 아니어야 한다.

셋째, 계약의 내용이 확정적이어야 한다.

넷째, 계약의 내용이 합법적이어야 한다.

한편 전자무역계약의 양 당사자는 계약 성립과 동시에 각각 계약된 내용의 이행을 위한 의무를 수행하여야 한다. 매도인과 매수인은 계약된 내용과 그 계약에 적용되는 법률의 규정, 관습매매 양 당사자 간에 확립된 관례에 따라 매도인은 목적 상품을 매수인에게 인도하고, 그 물품에 대한 소유권을 이전시켜야 한다. 반면 매수인은 매도인에게 목적상품을 인수받아 인수상품에 대한 대금을 지급하여야 한다.

(5) 전자무역계약의 특징

전통적 무역계약에서는 계약을 체결하기 위한 의사표시가 서면, 텔렉스, 컴퓨터, 전화 또는 구두대화 등의 방법을 통해 행해졌으나, 전자무역계약은 기존의 의사표시 방법 이외에 컴퓨터 네트워크나 인터넷, E-mail, 전자게시판 등 다양한 전자적 의사표시방법을 이용해 이루어질 수 있다. 즉 전자무역계약이란 전자적 매체를 통해 이루어지는 무역계약이나 협의로는 네트워크에 연결된 정보시스템에 국한되며, 일정한 법률효과의 발생을 목적으로 2인 이상의 당사자 간에 정보시스템을 이용하여 전자적으로 이루어지는 의사표시의 합치에 의하여 성립되는 무역계약의 행위를 의미한다.

전자무역계약은 특별한 형식을 요건으로 하지 않기 때문에 구두나 서면, 더 나아가 전자적 의사표시에 의해서도 계약이 성립할 수 있다. 예를 들면 웹 사이트의 경우 판매를 위해 상품이나 서비스의 광고를 할 수 있고 고객들은 화면상에서 게재된 형식으로 전송함으로써 주문을 하게 되며, 그 주문이 판매자에 의해서 수락됨으로써 계약이 체결될 수 있는 것이다. 또한 어떤 기업이 온라인으로 소프트웨어 등의 상품을 제공하고 사용자가 그것을 다운로드함으로써 정식 동의가 없더라도 계약이 성립한다.

인터넷과 같은 통신망에 연결된 컴퓨터를 통해 이루어지는 전자계약은 의사표시 또는 정보의 전자화 과정을 수반하게 되며 이로 인하여 의사표시를 담은 전자적 기록의 생성, 수정, 전달 및 검색이 용이해진다. 따라서 전자무역계약은 서류작업과 보관의 필요가 없어짐에 따라 업무의 효율성이 증가하고 미리 주문해 둘 필요가 없이 필요한 즉시 주문함으로써 재고를 줄일 수 있다. 즉 네트워크에 연결된 정보시스템을 통하여 이루어지는 전자무역계약은 의사표시 또는 정보의 전자화 과정을 수반하게 된다. 따라서 전자서류의 생성, 송부 및 추적이 용이하다.

(6) 전자무역계약의 성립
① 전자무역계약의 성립 개념
전자무역계약이란 일정한 수출입거래를 수행하기 위한 목적으로 하는 2인 이상 당사자의 전자적 의사표시의 합치에 의하여 성립하는 법률행위이다. 과거 일반적으로 사용해 오던 서면이나 Telex 같은 통신수단을 대신하여 전자우편을 비롯한 전자적 방법에 의해 청약을 하거나 승낙을 하는 것은 일단 문제가 되지 않는다.

그러나 전통적인 의사교환 방법에 의해서 계약이 체결될 경우에는 기존의 관행이나 법률에 의해 그 절차가 확립되어 있기 때문에 법적인 효력에 있어 문제를 일으킬 수 있다. 따라서 전자무역계약과 관련하여 제기되는 법률적인 문제점은 첫째, 전자무역계약의 성립시기를 어느 때로 볼 것인가의 문제, 둘째, 전자무역계약의 체결준비단계에서 발생한 손해에 대한 책임문제, 셋째, 무능력자에 의해 체결된 전자무역계약의 효력문제 등이다.

② 전자무역계약의 성립 절차

㉠ 대상업체 선정

전자무역에서 수출업자는 인터넷상의 무역거래알선사이트와 같은 시스템 구축 및 운영자의 도움으로 인터넷상에서 거래제의 의사를 공개시켜 놓거나 자체 홈페이지를 통해 거래제의를 하게 된다. 이에 대해 수입업자 역시 인터넷상의 무역거래알선사이트에 접속해 청약을 하거나 직접 인터넷을 통하여 수출업자를 물색한다.

㉡ 거래제의

대상업체를 선정한 후 선정된 대상업체에 구매권유를 위한 권유장을 발송하게 되는데, 전자무역의 경우 권유장 발송은 전자메일이나 인터넷 팩스 등을 이용하여 발송하게 된다.

전자메일을 보낼 경우 고려해야 할 점은 인터넷에 자사의 홈페이지를 가지고 있는 것이 상대편에 대한 신뢰감을 갖게 만드는 것이라는 점을 인식해야 하며, 조회를 받게 되는 경우를 대비하여 권유장을 보낼 때 자사의 웹사이트 주소와 전자메일 주소를 기입하는 것이 필수적이다.

이러한 과정을 거쳐 수출업자와 수입업자는 제삼자 신용기판을 통해 상내방의 신용조회가 이루어지고, 신용조사를 통하여 가장 적절하다고 판단되는 거래상대방이 선정되면 그 상대방에게 거래제의를 하게 된다. 이러한 제의는 현재 전자메일, 전화, 팩스 및 서신 등에 의해 이루어지고 있으나, 향후에는 전자무역시스템을 통하여 이루어질 것이다.

㉢ 조회, 청약 및 승낙

전통적인 무역거래에 마찬가지로 청약과 승낙을 통해 거래조건에 동의하게 되면 무역계약이 체결되는데, 거래당사자는 Selling offer와 거래제안서 발송을 통해 Inquiry를 수취하고 거래조건을 협의하고 필요하다면 카탈로그나 샘플 등을 송부하거나 또는 직접 출장을 갈 수도 있다.

청약자가 제시한 거래조건에 법률적 효력을 발생할 목적으로 그 상대방이 무조건적 · 절대적인 승낙이 있는 경우에는 계약이 성립된다. 계약이 성립되면 거래조건에 대하여 당사자 간에 협의 · 조정 · 동의하는 과정을 거치게 된다.

㉣ 매매계약서 작성

거래당사자는 사후 분쟁에 대비하여 거래조건 및 거래내용에 관하여 상세하게 약정하는 매매계약서를 작성한다. 매매계약서상에는 품질, 수량, 가격, 결제, 선적, 보험, 포장 등의 기본적인 조항과 준거법, 클레임, 불가항력, 상사중재 등 당사자 간의 계약이행에 필요한 모든 사항을 포함하여 사후 분쟁에 대비하여야 한다.

이와 같이 전자무역하에서 인터넷 등을 통하여 수입업자를 찾기 위해 수출업자가 무역거래를 알선하는 웹 사이트에 접속하여 상대방이 수입하고자 하는 상품, 가격, 전자우편의 주소 등을 알고 즉시 수입업자와 E-mail 등으로 수출상담이 가능하며 E-mail 등을 통한 무역매매계약도 가능하게 되었다.

③ 전자무역계약의 성립시기

계약에 관한 법률행위의 효력발생시기에 관하여 민법에서는 도달주의를 원칙으로 하고 있다. EDI에 의한 의사표시인 경우에는 특별한 법 규정이 없는 한 기술적인 도달과 법적인 도달을 구분하여야 할 것이고, 법적으로 EDI에 의한 의사표시가 상대방의 지배영역 안에 들어오고 상대방이 그 의사표시의 내용을 인지할 수 있을 때에 비로소 도달하였다고 보는 것이다.

전자메시지의 도달시기에 관하여 UNCITRAL 모델법 제15조에서는 전자메시지가 수신자가 지정한 정보시스템에 입력되는 때 또는 정보시스템의 지정이 없는 경우에는 수신자 자신의 정보시스템에 입력되는 때로 정의하고 있으며, 한국의 전자거래기본법 제6조 제2항에서도 이와 유사하게 규정하고 있다.

이와 같이 국제물품매매계약에서 청약자는 피청약자와 공간적으로 떨어져 있으므로 피청약자가 승낙의 의사표시를 발송하여 청약자에게 도달할 때의 시점에서 승낙에 대한 효력이 발생하여 계약이 성립한다.

따라서 전자무역계약의 성립을 위한 승낙의 의사표시는 승낙 유효기간 내에 청약자에게 도달한 때에 효력이 발생하지만, 전자무역계약에서는 정보통신기술의 발달로 청약과 승낙이 거의 동시에 이루어져서 실시간으로 계약이 체결되며, 이러한 경우 격지자 간의 계약 성립시기에 관한 논의는 의미가 없어질 것이다.

전자무역계약의 성립시기를 확정하기 위해서는 먼저 전자무역계약이 대화자 간 계약인지 격지자 간 계약인지를 규정해야 한다. 이는 전자무역계약이 매우 드문 현재로서는 일단 격지자 간의 계약으로 보고 개별적 상황에 따라 대화자 간 계약 여부를 결정짓는 것이 타당할 것으로 판단된다. 그러므로 무역계약을 체결하기 위하여 전자적 의사표시에 의한 청약을 할 경우에는 승낙의 효력발생시기를 도달주의로 한다는 취지의 청약조건이나 계약협정서를 명확히 지정하여 두는 것이 필요하다. 다만 종이서류의 도달의 의미와 전자적 서류의 도달 의미에는 해석상 차이가 발생할 수 있기 때문에 주의가 필요하다.

그러나 향후 정보통신기술의 발달로 청약과 승낙이 거의 동시에 이루어져서 실시간으로 계약이 체결되면, 격지자 간의 계약 성립시기에 관한 논의는 의미가 없어질 것이며 결국에는 대화자 간의 계약과 동일하게 취급하여 도달주의에 따라 성립시기가 결정될 것으로 예상될 것으로 보인다.

(7) 전자무역 결제 단계

① 전자무역 결제의 이해

현재 국제무역에서 일반적으로 이용되는 결제방법에는 몇 가지 유형이 있는데 어떤 방법을 선택하느냐에 따라서 대금회수의 불확실성에 차이가 있고 대금회수의 시기도 달라진다. 매도인은 대금회수 불능위험을 고려하여 대금지급의 확신이 있기 전에는 물품을 포기하려 하지 않을 것이며 매수인 역시

상품입수 불능위험을 고려하여 물품인수 이전 혹은 물품에 대한 권리를 확보하기 전에는 대금지급을 미루려 할 것이다. 즉 신속한 대금회수를 원하는 매도인과 가능한 물품인수 후에 대금을 결제하려는 매수인 간의 이해관계가 대립되어 있다고 할 수 있다. 따라서 서로 자신에게 유리한 방법을 선택하려 할 것이고 그렇지 못할 경우에는 제삼자의 보증을 요구하기도 할 것이다.

② 무역결제방식의 유형

㉠ 신용장방식에 의한 대금결제

신용장이란 국제적 무역거래에 있어서 대금결제와 관련하여 계약물품의 인도시기에 따른 격지 간의 수출상과 수입상 간의 일차적 이해상반의 관계를 중립적 제삼자인 신용장 발행은행이 개입하여 쌍방 간의 국제적 거래의 안전성과 수출상품의 대금결제의 원활을 기한다.

신용장에서 요구하는 서류를 조건과 일치되게 준비하여 제시하면 수입업자를 대신하여 발행은행이 지급의 이행 혹은 신용장에 의하여 발행된 어음의 지급, 인수를 수출업자 또는 어음 매입은행 및 선의의 어음소지인에게 확약 보증하는 증서이다.

㉡ 추심방식에 의한 대금결제

추심방식은 신용장 없이 단순히 매매당사자 간의 계약에 의거하여 수출업자가 물품을 선적한 후 수출지에 있는 추심의뢰은행을 통해 수입업자에게 대금을 청구하고 수입지에 있는 추심은행을 통해 대금을 회수하는 결제방식이다.

D／P는 일람불 거래방식으로 추심은행과 수입업자가 어음과 선적서류를 현금과 교환하는 것이 특징이고, D／A는 기한부 거래방식으로 추심은행이 제시하는 인수증에 수입업자가 'accepted'라는 의사표시와 서명날인을 하면 추심은행이 선적서류를 넘겨주고 어음만기일에 현금을 추심하게 된다. 동 방식에 관련되는 은행은 매매당사자를 대신하여 수출대금을 추심하거나 송금해 주는 역할을 할 뿐 대금지급에 대한 책임을 지지 않기 때문에 수입업자와 수출업자의 상호 신용을 바탕으로 한 경우에야 가능하므로 상당한 거

래실적이 있거나 또는 본사와 해외지사 간의 대금결제에 주로 이용된다.

ⓒ 송금방식에 의한 대금결제

송금방식에 의한 대금결제란 추심방식이나 화환신용장에 의한 대금결제와 대조되는 개념으로 수입상이 물품을 받기 전 또는 받은 후에 대금의 전액을 송금하거나 수출상이 물품 또는 서류를 인도할 때 수입상이 대금을 송금하는 방식으로, 사전송금방식과 사후송금방식으로 구분된다.

사전송금방식은 수출상이 물품을 선적하기 전에 수입상이 미리 수표, 우편 또는 전신 등으로 대금의 전액을 외화로 지급하는 방식이다. 수출상은 수출대금을 미회수할 위험이 없어 안전한 데 비해, 수입상으로서는 수출상이 선적하지 않거나 품질 혹은 규격이 다른 상품을 선적하는 데 따르는 위험을 부담해야 한다.

반면 사후송금방식은 수출상이 상품을 선적한 후 수입지에 도착한 다음 혹은 수입상이 상품을 인수하여 판매한 후에 수표, 우편 또는 전신 등으로 송금하는 것으로, 수입상은 계약상품을 수취할 수 있어 안전하나 수출상은 수입상이 정한 기간에 대금을 송금하지 않거나 부당한 클레임 제기 등으로 인한 대금회수에 따르는 위험을 부담하게 된다. 사후송금방식은 대금교환의 대상에 따라 현물상환방식과 서류상환방식으로 구분된다.

지금까지 살펴본 송금방식은 소액의 견본이나 시험용품을 유상으로 송부할 경우 그리고 장기간 지속되는 신용거래의 경우에 주로 사용되나 최근에는 신용장개설, 선적서류의 작성, 환어음의 발행 또는 추심 등의 절차상 번서도움이나 비용을 줄이고자 점차 그 사용이 증가하고 있다.

요 약

세계적인 무역흐름은 인터넷을 활용한 무역 e-마켓플레이스, 전자문서교환(EDI) 등 새로운 정보기술의 급속한 확산으로 기존의 전통적인 무역거래 방식에서 벗어나 새로운 패러다임인 전자무역으로 발전하고 있다. 전자무역은 거래선 발굴, 상담, 계약, 운송, 통관, 물류, 결제에 이르는 제반 무역 업무를 인터넷 등 최신 IT기술을 활용하여 시·공간의 제약 없이 처리하는 새로운 무역거래형태로 정의하고 있다. 이는 기존의 무역거래방식을 단순히 전자화하는 무역자동화의 수준을 넘어, 무역구조와 프로세스의 근본적인 개선을 도모함으로써 수출업체의 무역경쟁력을 강화시키고 동북아 경제 허브로 도약할 수 있는 초석이라고 볼 수 있다.

중요용어

전자무역	EDI
e - 마켓플레이스	제삼자군 서비스(TPS: Third Party Service)
자원기반 이론	전달매개체
전통적인 경영전략모델	경쟁우위
무역정보프로세스	거래비용 이론
글로벌기업	탐색비용
전자무역의 거래절차	해외마케팅
거래협상단계	물류운송단계
무역정보 제공 인프라	Offers to Buy
Offers to Sell	Biz Offers
전자무역플랫폼	협업(Collaboration)프로세스
싱글윈도우(single window) 환경	무역프로세스
ebXML	전자무역인프라
전자무역마케팅	해외마케팅

시장세분화	전자거래알선
인트라넷	전자무역 계약
D / A	D / P
L / C	국제물품매매계약
사전송금방식	사후송금방식

토론질문

1. 전략계획 및 수립이 '전자무역'에 어떠한 영향을 미치는가를 설명해 보자.
2. 홈페이지 및 쇼핑몰 홍보 전략에는 무엇이 있는지 설명해 보자.
3. 무역거래 알선사이트 활용 전략에는 무엇이 있는지 설명해 보자.
4. 거래비용의 최소화 전략이 필요한 이유에 대해 설명해 보자.
5. 전자무역의 성공 가능한 제품 확보 전략은 무엇인가를 설명해 보자.

참고문헌

고윤승, "전자무역의 연구범위와 연구방법에 관한 고찰", 한국무역협회, 2001.

김용덕, "국제통상기업의 전자무역 실행단계별 성과에 관한 실증분석", 한국무역협회, 2004.

김용덕, "대기업 대 중소기업별 전자무역 성과에 영향을 주는 요인에 관한 실증연구", 한국국제경영학회, 2004.

김학민, "전자무역 계획수립 가설에 관한 연구", 「통상정보연구」, 제7권 제2호, 한국통상정보학회, 2005.

김학민·최승신, "전자무역 확산을 위한 글로벌 인증시스템의 개선방안에 관한 연구-아이덴트러스 인증시스템을 중심으로-", 「통상정보연구」, 제6권 제2호, 한국통상정보학회, 2004.

문희철, "전자무역 포탈사이트의 서비스품질과 이용자만족도에 관한 실증적 연구", 「통상정보연구」, 제6권 제3호, 한국통상정보학회, 2004.

박광근, 『전자무역 실무』, 보성, 2002.

산업자원부·한국전자거래진흥원, 『e비즈니스 백서』, 2004.

삼성SDS 컨소시엄, 『무역프로세스혁신 BPR/ISP 용역보고서』, 2004.

삼성SDS 컨소시엄의 무역업무프로세스혁신 BPR/ISP 사업단 보고서, 산업자원부, 전자무역 BPR/ISP자료, 2004.

오현석, "전자무역에서 전자 인증제도의 문제점과 개선방안", 「통상정보연구」, 제6권 제2호, 한국통상정보학회, 2004.

윤광운, "전자적 무역거래관행에 관한 실증적 연구", 「통상정보연구」, 제9권 제4호, 한국통상정보학회, 2001. 12.

윤영환, "유비쿼터스 컴퓨팅 환경에 의한 전자무역의 발전과 전망", 한국무역학회, 2004.

이상진, 『전자무역』, 도서출판 두남, 2005.

이상진, "전자무역 플랫폼의 기본요건과 운영방안에 관한 연구", 「통상정보연구」, 제6권 제2호, 한국통상정보학회, 2004.

이상진·정재승, "글로벌 전자무역 구현모델에 관한 연구", 「통상정보연구」, 제7권 제4호, 한국통상정보학회, 2005.

이상진·허민구·이상록·박갑식, 『21세기 뉴 패러다임 전자무역』, 도서출판 두남, 2003.

이영수·권순국, 『전자무역실무 e-Trade』, 문영사, 2005.

이용근·김승철·정재우, "전자무역의 활용수준과 성과영향 요인에 관한 연구의 종합 분석", 「통상정보연구」, 제6권 제1호, 한국통상정보학회, 2004.

이제현, "e-물류가 국제물류의 협력관계에 미치는 영향에 관한 실증연구", 2004.

이제홍·최혁준, 『전자무역 무역실무의 이해』, 헤르메스, 2003.

이학승·김경희 공저, 『전자무역 실무』, 도서출판 두남, 2004. 3.

이호건, "전자무역 업무 프로세스 재설계에 따른 관련 법규의 개정방향에 관한 연구", 「통상정보연구」, 제6권 제2호, 한국통상정보학회, 2004.

전인수, "소비재 거래에 있어서의 거래비용 이론의 적용에 관한 연구", 「경영학연구」, 제22권 제1호, 한국경영학회, 1992.

조원길, "전자무역의 성공적인 수행을 위한 비즈니스 모델 구축", 한국창업정보학회, 2003.

채진익, 『최신 전자무역』, 도서출판 두남, 2004.

최용록, 『알기 쉬운 전자무역시스템 관리』, 헤르메스, 2004.

최용록, "전자무역지원정책의 과제와 대응방안 - 전자무역촉진에 관한 법률의 제정과제를 중심으로 - ", 「통상정보연구」, 제7권 제4호, 2005.

최용록, "중소기업의 전자무역 실증연구와 e - 비즈니스의 활성화", 「통상정보연구」, 제10권 제4호, 한국통상정보학회, 2003.

최장우, "중소기업의 전자무역(e - Trade) 활성화 방안에 관한 연구", 「통상정보연구」, 제8권 제4호, 한국통상정보학회, 2003. 6.

한국무역협회 무역아카데미, 『전자무역』, 2004.

Bakos, Y., "Information Links and Electronic Marketplaces of interorganizational Information Systems in Vertical Markets", Journal of Management Information System, Vol.8, No.2, Fall 1991, pp.31 - 52.

Barney, J. B. "Firm resource and competitive advantage", Journal of Management, Vol.17, 1991, pp.99 - 120.

Baxos, Y. and Brynjolfsson, E., "From Vendors to Partners: Information Technology and Incomplete Contracts in Buyer - Supplier Relationships", Journal of Organizational Computing, Vol.3, No.3, Dec. 1993, pp.301 - 329.

Gurbaxani, V. and Whang, s, "Impact of Information System on Organizations and Markets", Communications of the ACM, VOL.34, No.1, 1991, pp.59 - 73.

Wright, P. M. and Mcmahan, G. C, "Theoretical Perspectives for Strategic Human Resource Management", Journal of Management, Vol.18, No.2, 1992, pp.121 - 123.

제5장

전자무역결제시스템이란 무엇인가?

학습목표

본 장을 학습한 후에 다음 사항을 이해하고 설명할 수 있어야 한다.

- 전자무역결제시스템을 정의하고 설명한다.
- 전자무역결제시스템의 발전과정을 정의하고 설명한다.
- 전자무역결제시스템의 요건과 유형에 대해 설명한다.
- 전자무역결제시스템의 새로운 경향을 설명한다.
- 전자무역결제시스템이 전자상거래에서 중요한 이유를 설명한다.
- 전자무역결제시스템의 개선에 중요한 영향을 주는 요인과 과정을 설명한다.

◆ 본 장의 개요

본 장은 전자상거래 환경에서의 전자무역결제시스템에 관하여 설명한다. 이론적 고찰로서 전자무역결제시스템의 의의, 특징에 대해서 설명한다. 그리고 전자무역결제시스템의 발전과정에 대해 설명하고 전자결제방식의 요건이 왜 중요한가에 대해서 설명한다. 마지막으로 유형별 특징을 비교하면서 전자무역결제시스템의 개선을 위한 방안을 제시한다.

제1절 전자무역결제시스템의 개념

1. 전자무역결제시스템의 의의

전자무역이라는 용어는 우리나라 대외무역법에서 공식화된 말이다. 실제 업계에서는 사이버무역이라는 용어가 일반화되어 있으며 인터넷무역이라는 용어도 빈번히 사용된다. 어느 용어가 정확하거나 절대적이라고는 말할 수 없지만 각 용어의 개념은 다음과 같다.

전자무역결제시스템은 전자결제수단, 운영네트워크 그리고 이와 관련된 모든 제도적 장치를 총칭하는 개념이라고 할 수 있다. 일반적인 결제과정에는 지급수단, 참가기관, 은행 간 결제시스템이 관련되게 된다.

전자무역을 하는 이유는 크게 비용측면과 시간측면으로 볼 수 있다.

첫째, 비용측면에서 살펴보면 무역거래 절차는 무엇보다도 무역계약에서 약정된 물품을 수출상으로부터 수입상의 처분하에 둘 수 있도록 운송하는 물리적인 절차와 관련된 비용만을 떠올릴 경우가 많지만 실상은 물품만이 아니라 대금의 흐름에 있어서도 적지 않은 비용이 투입된다는 점을 인식하여야 한다.

둘째, 시간적인 측면에서 전자무역의 추진이유를 찾아보면 현재 신용장

방식의 경우 물품을 선적한 후 선하증권을 발급받아 다른 부대서류와 함께 은행에 제시하여 이 서류를 해외의 신용장 개설은행으로 보내 자금화하는 데 평균 10일이 소요되는 것으로 보고 있다. 그러나 전자적 방법의 무역결제시스템은 최소 15분 만에 무역대금을 회수할 수 있을 것으로 기대될 정도이다. 이는 단순히 대금결제와 관련된 시간만을 비교한 것일 뿐 서류의 작성과 전달 등에 소요되는 시간을 모두 감안한다면 그 차이는 더욱 커질 것으로 예측된다.

이와 같은 결제시스템은 기본적으로 전자결제에서도 적용되지만 특히 정보보안 문제가 중요시되기 때문에 보안과 암호 등 전자인증과 관련된 기관들이 추가적으로 존재하게 된다. 따라서 전자상거래에서 전자결제는 필연적 요소이므로 안전하고 효율적인 결제시스템의 개발과 정착은 중요한 과제이다.

2. 전자무역결제시스템의 특징

대금의 지급결제의 최종목표는 안전하게 효율적인 방법으로 채권 채무관계를 깨끗이 청산하는 것이다. 전자결제시스템도 일반적인 지급결제 제도의 중요성과도 다를 바 없다. 그러나 전자상거래에서의 비대면 거래로 이루어지는 신 결제방식으로서 컴퓨터 네트워크의 외부의 공격적인 파괴로 인한 물리적인 장애 및 통신망의 결함으로 발생하는 시스템 오류 등 여러 가지 장애요인이 발생된다. 무엇보다도 전자결제시스템의 도입에 있어 가장 중요한 요건은 안정성과 효율성을 들 수 있다.

전자무역결제시스템의 특징은 유동성(Liquidity), 최종성(Finality), 거래위험(Transaction), 시스템 위험(System Risk)을 들 수 있다. 유동성은 자산을 쉽게 현금화할 수 있는 정도를 말한다. 종결성은 한번 결제를 하면 취소할 수 없는 것으로 거래자의 부인방지 효과가 있다. 거래위험은 격지 간 거래로 상품대금 지급에 대한 정당한 상품인도 여부에 관한 상업상 위험을 말한다.

최종성이란 바로 대금결제가 더 이상 철회될 수 없을 때를 말한다. 최종성을 규율하는 규칙은 결제수단 선택에 드는 거래비용이 최소화되도록 명백하여야 하고 보편적으로 적용 가능하여야 한다. 최종성에 대한 확실성은 결제시스템의 필수조건이 된다. 지급인은 최종성의 완화를 선호한다. 왜냐하면 결제가 진행되는 동안 유통시킬 수 있고 수취인과의 분쟁이 있을 경우 대금지급을 철회할 수 있기 때문이다. 이에 대하여 결제서비스 제공자들은 자신의 고객과 또 다른 곤란한 경우에 최종성의 규칙에 예외조항이 있기를 원할 것이다.

대금지급이 적절한 법정통화 형식이 아니면 결제를 승인한 당사자에게 거래위험의 요소가 있다. 심지어 법정통화일 때에도 위조와 같은 사기나 거래과정에서 오류위험이 있다. 거래당사자들은 이러한 거래위험에 근거하여 대금지급 유형을 선택하게 된다. 신용카드는 오늘날 결제유형 중 최종성이 가장 낮다고 볼 수 있다.

3. 전자무역결제시스템의 발전과정

1) Bolero System의 발전과정

인터넷 무역을 위한 법적 기반이 마련되어 가면서 무역서류의 전자화 선하증권의 권리증권적 기능의 전자적 유통을 위한 시도로서 나타난 것이 Bolero Project이다. Bolero는 SWIFT(Society for Worldwide Interbank Financial Telecommunication)와 TT(Through Trasport) Club에 의해 주도되고 있으며, 이들이 합작으로 설립한 Bolero Operation. Ltd는 사용자 그룹인 Bolero협회와 함께 범세계적으로 무역서류의 전자화를 통한 상업적 서비스를 제공하고 있다.

Bolero는 TT Club과 SWIFT가 지난 1994년부터 개발에 착수하여 1999년 9월부터 상용서비스를 시작하였다. 자본금도 이들 두 기관이 절반씩 출자하여 Bolero International Limited)를 설립하였다. TT Club은 1970년에 설립된 공익을 위한 상호보험 조합으로 세계 80개국의 선사, 포워더, 창고업자 등을 보험가입자로 두고 있다. SWIFT는 1973년에 설립된 은행 간 통신회선망운영회사로 178개국 6500개 금융기관이 이용하고 있다.

즉 bolero.net은 SWIFT와 TT Club이 주축이 되어 컨소시엄 형태로 구성된 전자결제 업체이며 국제적인 무역절차 전자화서비스의 제공회사인 Bolero International Limited의 서비스명이다. 볼레로넷은 1999년 1월부터 3월까지 기존 종이문서 체제와 병행하면서 실제로 시범서비스를 운영한 후 동년 9월부터 상용서비스를 개시함으로써 모든 무역서류의 전자화를 추진하고 있다.

이 서비스는 현재의 신용장 절차를 대부분 그대로 수용하면서 많은 시간과 비용낭비를 야기하는 무역서류를 전자적으로 처리하여 연간 4,200억 달러에 달하는 비용을 절감하는 데 그 목적을 두고 있다. 또한 전자서류의 안전한 송수신으로 무역사기를 예방하여 거래의 안전도를 높이는 특징을 갖고 있다. Bolero는 그 실용화 가능성을 확인해 보기 위하여 Pilot Test를 지난 1995년 7월부터 9월까지 실시하였다. 이 테스트는 Deloitte & Touche Europe Services를 중심으로 한 컨소시엄 멤버에 의해 추진되었고 영국, 스웨덴, 네덜란드, 미국 및 홍콩의 수출입업자와 운송업자, 은행 등 26개 조직에 의해 실시되었다.

2) Trade Card System의 발전과정

1994년 세계무역센터협회(WCTA)를 비롯한 몇몇 기업이 무역 관련 서류의 전송과 대금의 결제방법을 전자화하려는 사업을 추진하였다. 더불어 통신수단의 발달로 급속히 증가하는 기업과 소비자(Business to Consumer) 간 상거래에서는 소액결제의 수단을 신용카드 등으로 가능하지만 기업 간 상거래(Business to Business)에서는 거래규모가 크기 때문에 온라인상에서 결제가 불가능하였기 때문에 인터넷 무역환경의 변화와 장점에도 불구하고 물품대금결제를 위하여 오프라인을 경유할 수밖에 없는 단점이 있어 새로운 결제시스템의 도입이 요구되었다.

1996년 세계무역센터협회(WCTA)가 프로젝트 형태로 시작하여 2000년부터 상용화를 개시하였다. 모든 무역절차를 전자적으로 처리하고 무역서류도 전자적으로 인증받고 전송하기 때문에 신용장과 추심 등 기존 결제제도가 전혀 필요하지 않으며 수출상과 수입상은 자신이 거래하는 금융기관을 통해 대금지급과 회수업무를 처리하게 되었다.

Trade Card System의 도입 배경은 기존의 무역방식이 서류 중심적이며 기존무역거래의 상당부분을 차지하고 있는 신용장 방식 또한 서류를 바탕으로 하기 때문에 전자방식 환경에는 부적합하였다. 무역운송과 관련된 관리비용 또한 연간 4천2백억 달러가 넘으며, 주로 문서처리 및 전달에 소요된다는 점 특히, 신용장 거래에 있어서 70% 이상이 서류상 하자가 발생하여 불필요한 비용과 시간이 낭비된다는 점을 들어 도입을 서두르게 되었다.

Trade Card System은 1997년 설립절차를 거쳐 1998년에 미국특허를 획득하였다. 그리고 1999년 E. M. Warburg Pincus사의 지분참여로 독립회사를 설립, 서비스를 시작하였다.

Trade Card의 실질적인 거래는 1998년 4월 30일 미국의 수입업자인 Avalon Product사와 대만의 수출업자인 Most – Briye사 사이에서 21,600달러 상당의 거래가 성사되었으며, National Bank가 신용공여 은행으로 대만의 Standard Chartered Bank in Taipei가 지급은행으로 참여하였다.

3) SWIFT System의 발전과정

SWIFT는 세계은행 간 금융데이터통신협회로 국제간의 대금결제 등에 관한 데이터 통신의 연결망(Network)을 기획하고 운영할 것을 목적으로 1973년 벨기에 법에 의하여 설립되었다.

SWIFT의 가맹은행은 국제간의 지급, 각종 거래에 따른 확인 및 국제은행 업무에 관련하는 기타 통신을 상호간에 교신하므로 신속 정확하게 처리할 수 있고 신뢰성이 높아 은행이 고객에 대하여 보다 좋은 서비스를 제공할 수 있게 되었다. SWIFT의 사용은 은행 간에 통신의 효율성 제고와 종래의 우편, 전신, 텔렉스보다 편리하고 신뢰성이 높으며 통신비가 저렴하기 때문에 그 이용이 더욱 증대되고 있다.

15개국 239개의 은행이 창립하여 3년간의 시험을 거쳐 1977년부터 22개국 518개 은행을 대상으로 메시지 교환에 들어갔다. 1991년 3월에 우리나라는 53개 은행이 가입하였으며 1992년 3월부터 정식으로 서비스를 이용하게 되었다.

189개국에 있는 6,700여 개 금융기관에 안전한 메시징(Messaging) 서비스와 인터페이스(Interface) 소프트웨어를 제공하는 은행 간 글로벌 네트워크연합체인 SWIFT는 은행 간 전자메시징 시스템이며 회원은행만이 이용할 수 있는 서비스이다. 가맹은행은 국제간의 지급, 각종거래에 따른 확인 및 국제은행 업무에 관련하는 기타 통신을 상호간에 교신함으로써 신속 정확하게 처리할 수 있고 신뢰성이 높아 은행이 고객에 대하여 보다 좋은 서비스를 제공할 수 있다.

4) Identruce System의 발전과정

전자무역의 장점인 신속성과 경제성을 살리면서 신원확인에 필요한 인증수단의 확보와 거래과정에서 발생하는 금전적인 위험까지 회피하자는 취지에서 출범한 새로운 결제방식으로, 세계적인 금융기관이 설립한 보장부 인증시스템이라는 점에서 다른 전자결제시스템 보다 진일보했다는 평가를 받고 있다.

1999년 4월에 시티그룹, ABA암로, BOA, 도이치뱅크 등 세계 유수의 금융기관들이 참여하여 설립하였으며 BBB + 이상의 41개 은행들이 회원으로 가입되어 있다. 우리나라는 한빛은행(현 우리은행), 조흥은행, 외환은행 등이 공동으로 참여하고 있다.

Identruce에는 무디스 평가 신용등급 기준 BBB + 이상의 세계적 은행들이 가입되어 있으며 가입은행의 첫 번째 기능은 전자거래에서 거래당사자의 신원을 인증해 주는 일이며 이를 위해 인증기관(CA)의 역할을 맡게 되는데

Identruce Level - 1의 인증기관이 되기 위한 가입비용은 10만 달러이며 인증
건수를 기준으로 연간사용료를 별도로 납부토록 하고 있다. 이 Level - 1의
인증기관은 사실상 모든 개별 기업고객을 대상으로 본인 확인뿐만 아니라
계약에 대한 지급과 이행을 보증하는 역할을 수행할 수 있으며, 하부에 등
록기관(RA)을 거느릴 수 있는 등 공개키기반구조(PKI)의 중심축 역할을 담
당하고 있다.

4. 전자무역결제시스템의 요건

전자무역에 있어서 전자결제시스템의 구현은 필수적이다. 이것을 위해서
는 적절한 제도적 장치와 정보보안 기술이 필요하다. 특히 전자결제방식은 가
상공간에서 이루어지기 때문에 진정성(Authenticity), 무결성(Integrity), 부인방
지(non - repudiation), 기밀성(Confidentiality) 등의 요건을 갖추고 있어야 한다.

1) 진정성(Authenticity)

전자무역거래당사자 간 결제에 대한 의사 표시는 서로 간의 신뢰를 전제
로 이루어져 있다. 즉 의사표시가 누구에 의하여 이루어진 것인가를 확증할
수 있도록 하는 기능으로 전자무역거래당사자가 합법적인 사용자임을 증명
할 수 있어야 한다.

전통적인 방식의 진정성 확보는 인감증명을 이용한다거나 각종 신분증으
로 자신의 신분을 증명했었다. 그러나 전자무역의 거래에서는 다소 이 절차
가 기술적인 측면을 수반하고 있다. 결제가 가상의 공간에서 이루어지기 때
문에 제삼자가 남의 정보를 도용하여 전자적 기록의사 표시자로서 행동하여
도 이를 확인하기가 어렵고, 그 의사 표시의 외관상 보이는 것에 의해서 실
지로 그 의사표시가 행해졌는지 여부를 확인해야 할 필요가 절실하다고 할
수 있다. 또한 이러한 진정성 문제는 전자무역거래의 결제에 있어서 의사능

력 혹은 행위능력이 있는 책임자에 의해서 의사표시가 이루어졌는지 확인하기 위한 측면에서도 중요한 의미를 가진다고 할 수 있다.

2) 무결성(Integrity)

무결성이란 전자무역 결제에 있어서 결제에 대한 의사표시의 내용적 완전성에 관한 것으로 수입업자의 의사표시가 계약 시 약정된 내용대로 동일한 내용으로 상대방에게 전달되었는지를 확정하는 것을 의미한다. 즉 무결성은 송수신메시지가 전송도중 변조되지 않았다는 것을 증명해 주는 기능으로 거래내용의 변조나 승인되지 않는 거래의 발생을 방지하기 위한 것이다.

전자거래에 있어서는 누구라도 손쉽게 타인이 작성한 전자적 기록에 접근하여 이를 수정할 가능성이 내재하고 있을 뿐만 아니라 일반 종이문서와 달리 이 의수정여부를 객관적으로 확인할 방법이 사실상 존재하고 있지 않아 전자적 의사표시에 있어서 그 무결성의 보장은 매우 중요한 요소라고 할 수 있다.

3) 부인방지(Non-repudiation)

무역대금결제에 있어서 의사표시에 대한 부인방지는 시스템의 보안과 법률적 보장으로 가능하다. 이는 전자거래에 있어서 어느 일방이 전자적 의사표시를 일단 행하였다면, 그로 하여금 그 전자적 의사표시로 인하여 발생하는 각종 법률적 효과를 견지하도록 강제하는 것으로 결국 의사표시자는 그가 의사표시를 했다는 점과 그 의사표시 내용이 상대방에 도달한다. 이러한 부인방지 효과는 진정성과 무결성의 문제가 의사표시의 표의자 입장에서 고찰하는 바라면, 부인방지는 의사표시의 상대방의 입장에서 바라본 것으로 이들은 상호 표리 관계에 있다고 할 것이다.

4) 기밀성(Confidentiality)

기밀성이란 전자적 의사표시에 있어 그 내용의 비밀이 보장되는 것을 의미한다. 이는 거래의 내용이 제삼자에게 노출되지 않도록 하는 기능으로 전자적 기록 내용의 노출방지 및 그 제어에 관한 문제이다. 이는 전자무역에서 대단히 중요한 문제로서 가상의 공간에서 무역서류 등의 중요기밀이 경쟁업체에 노출된다면 노출된 업체는 상당한 경제적 손실을 입을 수가 있으며, 특히 신용카드 등과 같이 전자거래에 있어서 대금지급수단으로 사용되는 민감한 정보에 있어서 기밀성 확보는 더욱 더 중요한 문제가 되고 있다.

이 밖에 전자무역결제시스템의 요건으로는 서류작성과 서류검토 시 L / C 및 서류 상호간의 일치여부를 확인하는 정확성과 서류의 전달 및 취급상의 지연, 초고속선의 등장에 따른 B / L's Crisis 해결 등의 신속성, 종이서류 방식을 대체하기 위한 시스템 구축비용, 멤버십, 거래처리비용 등의 경제성을 고려하지 않을 수 없다. 또한 시스템보안과 법률적 보장을 위한 안전성과 신뢰성, 기존 결제시스템 및 거래관행과의 조화를 살피기 위한 호환성, Ease of Use 등의 편의성, 이용가능 대상국, 대상품목, 거래규모 등을 나타내는 범용성을 들 수 있다.

제2절 전자무역결제시스템의 유형

1. Bolero System

Bolero라는 어원은 유럽을 위한 선하증권 'Bill of Lading Europe Registry Organization'의 약자로서 유럽에서 선하증권의 문제점을 해결하기 위한 프로젝트에서 유래되었다.

Bolero는 스위프트(SWIFT)와 국제선박협회(TT Club)에 의해 주도되고 있다. 이들의 합작으로 설립한 Bolero Operation Ltd.는 사용자 그룹인 볼레로협회와 함께 범세계적으로 무역서류의 전자화를 통한 상업적인 서비스를 제공하는 것을 목표로 하고 있다.

Bolero의 목적은 '양도성 유가증권인 선하증권 등 선적서류를 전자화할 것', '그 전 전자데이터를 중앙등록기관에서 일괄하여 등록하고 인증제도에 의해 데이터의 유일성을 확보하고 보존할 것', '중앙등록기관에 의한 디지털 서명의 발행 또는 인증제도를 통한 전자적 양도 등에 의한 유가증권으로서의 유통성을 확보할 것' 등이다. 이와 같은 목적을 달성하기 위한 실험프로젝트를 실시하는 데에는 1990년에 국제해법회가 책정한 '전자선하증권에 관한 CMI 규칙'이 참고가 되었지만, 기술발전을 거듭하면서 중앙등록기관을 책정함으로써 중립성을 제고하였고 전자인증, 디지털 서명 등에 따라 안정성을 제고하려는 배려가 이루어졌다.

무역서류 전자화가 가능하고 의의를 갖게 되었다는 상기 실험결과에 근거하여 그 후 사업화를 위한 준비가 진행되었다.

SURF는 무역서류의 자동일치를 보장하고 서류결제와 관련된 일련의 흐름을 관리하는 시스템으로 수출상이 선하증권을 포함한 무역서류를 전송하며 SURF System은 서류일치 여부를 점검하여 이상이 없으면 보증은행 또는 수입상에게 결제를 요구하게 된다.

Bolero는 선하증권을 포함하여 무역서류 전반에 걸친 전자화를 추구하여 현재 SWIFT와 TT Club이 주도하고 있으며 이들이 각각 50%씩 출자하여 설립한 Bolero사가 Bolero 네트서비스의 책임자로서 사용자그룹인 볼레로협회와 함께 범세계적으로 무역서류의 전자화를 통한 상업적 서비스를 제공하고 있다.

Bolerosms는 1995년에 법적, 기술적 타당성 검토를 위한 테스트를 서쳤으며 1999년 세계 18개국에서 법률분석을 완료하고 시범서비스 기간을 거쳐 상용서비스를 제공하고 있다.

1) Bolero System의 특징

Bolero System은 먼저 기존의 무역거래에서 생겨나는 종이서류를 전자문서화시켰다는 데 가장 큰 특징이 있다. 이외의 특징은 다음과 같다.

첫째, 중립적 특성으로 SWIFT와 TT Club이 중심이 되어 출자한 Bolero International사는 중앙등록기관으로서 볼레로 사용자, 볼레로협회, 볼레로 등록기관에서 자기 자신 혹은 외부자원을 통해 상업적, 기술적 운영서비스를 제공하고 있다.

둘째, 이중등록 시스템을 들 수 있다. 이는 Bolero System이 등록기관과 인증기관을 별도로 설정하고 있다는 점에서 이중등록 시스템에 입각하고 있다. 즉 중앙등록기관은 권리 등록 업무를 수행하고 이와 별도로 보안 및 인증기관을 별도로 설정하고 있는데 등록기관은 신규사용자의 등록과 사용자 증명서의 발급 및 말소업무를 담당한다.

셋째, Rule Book에 의한 구속력으로 볼레로는 법적 공백에 대비하기 위해서 전자적 방법에 의한 거래당사자 간의 교환약정을 체결함으로써 권리의무 관계를 명확히 하고 있다. Rule Book은 기존의 해양관계법과 은행관계법이 상충할 뿐 아니라 전자상거래 환경이 반영되지 않은 상황에서 관계법령을 고치는 방법 대신에 관계법령의 부재한 환경하에서도 계약 관계를 통한 구속력을 발휘할 수 있도록 하고, 기존의 국제 및 국내법규와 상충관계가 아닌 보완관계를 형성하고 법률적 확실성을 확보할 수 있도록 유도한다는 점이다. 여기에서 규약집의 적용범위는 참가자의 무역행위 전반이 아닌 Bolero가 제공하는 서비스에 국한된다.

넷째, 디지털 서명방식을 들 수 있다. 기존의 무역방식에서 선하증권의 서명은 선박회사로부터 조회되지만, 선하증권의 위조, 변조를 완전히 방지하기란 사실상 힘들다. 그렇기 때문에 RSA(공개키 암호방식)은 Bolero 시스템에 사용되는 전자서명방식으로 무역서류의 특성을 고려한 암호화 기술로 전자무역 서류의 안전한 송수신 체계를 확보하고 서류의 위조와 복제가 용이하지 않도록 하고 있다.

다섯째, SWIFT 금융망과 EDI와의 차별성을 들 수 있다. 이는 Bolero 서비스가 SWIFT 금융망과는 달리 플랫폼만 제공될 뿐 인터페이스 및 접속경로는 시장에서 제삼자가 제공하는 다양한 제품과 서비스 중 이용기관이 선택할 수 있도록 하고 있다. 또한 기존 EDI와는 달리 법적으로 구속력 있는 계약서를 통신상에서 전송한다.

2. Trade Card System

Trade Card(무역카드)란 글로벌 전자상거래에서 기업 간 무역대금결제를 인터넷상에서 서류의 일치성을 자동으로 점검하고 대금 지급을 이행할 수 있는 기반으로 세계무역센터협회(WTCA)가 개발한 무역결제카드시스템이다.

무역거래 시 수출입 당사자가 직면하는 대표적인 위험으로 수출업자는 물품선적 후 대금을 회수하지 못하는 신용위험(Credit Risk)을 안게 되며, 수입업자는 대금결제를 했음에도 물품을 납품받지 못하는 상업위험(Mercantile Risk)에 노출되어 있다. 무역결제상 가장 안전하고 효율적인 수단이라 하는 신용장조차도 의외로 적지 않은 결함을 지니고 있고, 담보력이 없거나 신용도가 낮은 중소기업의 경우 신용장 이용방식의 무역거래에 많은 어려움을 겪고 있는 것이 현실이다.

이와 같이 Trade Card는 무역결제상 가장 안전하고 효율적인 수단이 되어야 할 신용장조차도 의외로 적지 않은 결함을 지니고 있음에 주목하여 이러한 결함을 제거한 새로운 결제방식이 필요하다는 주장과 함께, 정보통신 분야의 발전된 기술을 무역거래에 수용하여 종이서류 없는 무역거래를 실현하겠다는 배경에서 출발하였다.

Trade Card는 1994년 개념을 구상하여 1996년 1월에 국제무역을 촉진하는 비영리 기구인 세계무역협회가 주관이 되어 FSTS(Full Service Trade System) 프로젝트에 의해 출발하였다. 목적은 인터넷이 중소기업의 수출입에 얼마나 영향을 절감시키는지 조사하는 것이었다. 1998년 미국 특허청으로부터 결제시스템에 관한 특허를 취득하였다. 1999년 2월에 E. M Warburg Pincus사의 지분참여로 Trade Card라는 독립회사를 설립, 그해 11월에 거래서비스를 개시하였고 2000년 4월에 상용화된 금융공급체인서비스(Financial Chain Service)를 시작하였다.

Trade Card System의 의의는 안전한 거래기반으로 하여 전통적인 국제무역거래과정에서 야기되는 비효율성과 불확실성을 대폭 축소시켜 준다. 구매

주문서의 송부 및 승인, 대금지급의 의사결정과 금융결제 등을 위해 필요한 절차를 간소화·자동화하고 보강함으로써 저렴하고 효과적이고 실용적인 관리서비스를 제공하고 있다.

Trade Card의 목적은 국제무역거래를 이행하고 결제하는 데 있어서 안전하고 신뢰할 수 있으며 또한 효과적이고 이용하기 편리한 솔루션을 제공하는 것이다. 이러한 Trade Card 시스템은 수입상과 수출상이 그들의 거래를 관리하고 결제하기 위해 이용하는 비즈니스와 정보의 과정을 포함한다.

1) Trade Card System의 특징

Trade Card를 통한 무역거래가 기존의 무역거래와 가장 큰 차이점은 은행의 역할이다. 즉 기존의 무역관습에서는 신용장 방식이든 추심 방식이든 은행이 자금결제과정의 처음에서 끝까지 개입되어 있는 데 반해 Trade Card의 경우에는 그러한 역할의 상당부분을 Trade Card가 수행하게 된 것이다.

Trade Card의 특성은 우선 당사자의 계약을 중심으로 기능을 통합하고 다음으로 관련 서류의 전자화 및 일치성 등의 점검 작업이 자동화가 되어 신용장 결제를 배제하고 있다는 점이다. 즉 은행은 단지 신용공여자로서 역할만을 수행하게 되므로 이제까지 신용장을 통하여 향유하던 무역매매 역할만을 수행하게 되므로 이제까지 신용장을 통하여 향유하던 무역매매에서의 중심적 지위는 당연히 위축되리라 예측된다. 또한 중소규모 제품 거래에 적합한 것으로 운송서류의 대표적인 선하증권을 언급하지 않고 있어 신용도가 높고 본사와 지사 간 거래 등이 활발한 대기업들은 신용장 방식의 결제를 회피하는 반면, 신용도가 낮아 신용장 방식의 결제에 의존하는 중소규모 수출입업체의 경우에는 활용도가 높다고 볼 수 있다.

Trade Card System의 주요 특징은 첫째, 화환신용장 배제를 들 수 있다. 이는 신용장 개설은행의 서류점검에 해당하는 기능을 Trade Card System하에서는 은행은 단지 자금의 공여만을 담당하는 역할에 국한된다는 것을 말하며, 선하증권은 언급되지 않고 있어 운송 중 전매를 하지 않는 소규모 제품거래를 주된 대상으로 하고 있다. 따라서 거래의 비용을 절감시킬 수 있다. Trade Card 네트워크를 통하여 필요한 모든 무역서비스를 수행하기 때문에 이용자들은 그들이 필요한 서비스를 쉽게 이용할 수 있다.

둘째, Trade Card System의 가장 특기할 만한 사항으로 모든 절차가 자동화된 Trade Card System을 통하여 이루어지며 신용장을 배제하였다는 것이다. 지금까지의 국제무역거래는 서류를 통해 이루어지거나 계약 및 운송, 보험의 체결은 온라인상으로 가능했다. 그러나 대금결제부분은 은행 등 금융기관을 통한 오프라인을 이용할 수밖에 없었다. 즉 기존의 무역거래 절차가 매수인이 신용장을 개설하고 은행이 이를 점검하는 절차에서부터 매도인에게 결제가 이루어지기까지의 일련의 과정이 Trade Card System만으로 수행된다. 따라서 은행 또는 금융기관은 거래당사자 간의 자금 공여의 담당역할에만 한정되고 지금까지 신용장 등을 중심으로 이루어져 왔던 서류중심의 무역거래의 비율은 점차 줄어들게 되었다.

셋째, 법률적 구속력의 부재이다. 잠재적 경쟁상대인 Bolero가 18개 무역권에 대한 법률조사를 토대로 Rule Book을 제정, 법적 불안정성을 보완한 반면, Trade Card는 전자적 방법에 의한 거래당사자 간의 권리의무에 대한 별도의 규정을 두고 있지 않다.

넷째, Trade Card System은 고부가가치의 네트워크망을 가지고 있어 필요한 서비스 제공업자들을 연결시켜 수출업자와 수입업자가 무역거래를 이용하는 데 필요한 서비스를 용이하게 선택할 수 있다. 또한 Trade Card는 서비스제공업자들뿐만 아니라 공신력이 있는 기업들, 무역 관련 기관들과의 제휴를 통해 수입업체들은 물품검사 서비스를 요구할 수 있고 매도인이나 매수인은 자금이체, 지급보장 물류서비스, 구매물품에 대한 보험서비스, 사전 또는 사후에 수출금융을 받을 수 있다.

다섯째, Trade Card사는 제 관련 기관과의 제휴활동을 통해 당초 Trade Card 서비스 시행과정상 드러났던 취약점들을 해결해 가고 있는데, 프랑스 신용보증보험회사인 COFACE, 영국 금융회사인 Thomas Cook, 정보기술회사인 ITPII 등과의 제휴를 통해 대금결제 흐름에 관한 문제나 대금지급의 확약에 관한 문제 등 업무적용 지역에서의 거래성사나 마케팅활동을 지원하는 서비스를 하고 있다.

여섯째, 국제적인 무역거래의 이행과정이 모두 전자적으로 이행된다. 국제적인 상거래를 행하는 수출상의 선적과 관련된 업무와 수입상의 선적이행 여부의 확인과 최종적인 대금지급승인을 결정하는 데 필요한 모든 자료들이 전자적으로 수집되고 평가되어 최종적인 승낙이 이루어진다.

일곱째, 무역거래의 비용을 절감시킬 수 있다. 무역카드는 모든 거래절차를 자동화하여 무역거래에 필요한 서류를 준비하고 작성하는 데 소요되는 시간과 비용을 매우 저렴한 비용으로 서비스를 제공할 수 있다.

여덟째, 부가가치 서비스를 이용할 수 있다. 무역카드 네트워크를 통하여 필요한 모든 무역서비스를 수집하기 때문에 무역카드 이용자들은 그들이 필요한 서비스를 쉽게 이용할 수 있다. 예를 들어 매수인들은 물품검사서비스를 요구할 수 있고 매도인이나 매수인은 구매물품에 대한 보험서비스를 받을 수 있으며, 사전 또는 사후에 수출금융을 받을 수도 있다.

이상과 같이 살펴본 대로 Trade Card System과 Bolero System을 비교해 보면, Bolero에서는 전자식 선하증권의 유통을 중심으로 하여 무역서류의 전자화를 추진하고자 하는 데 비해 Trade Card 시스템에서는 무역대금의 결제과정에서 신용장을 배제하고 자신들이 설계한 시스템 내에서 계약의 체결과 계약이행 서류의 제공, 서류의 일치여부 점검과 대금지급의 수권지시 등을 수행한다.

3. SWIFT NET System

1) SWIFT System

세계은행 간 금융데이터통신협회(Society for World Interbank Financial Telecommunication: SWIFT)는 1973년 벨기에 법(Belgium Law)에 의해 설립

된 비영리 조직으로 국제간 통신망을 연결하여 국제금융 및 외환거래 등에 수반되는 자금결제, 금융관계 메시지를 안전하게 교환할 수 있는 세계은행 간 글로벌 네트워크이다. 따라서 SWIFT 사용은 은행 간에 통신의 효율성 제고와 종래의 우편, 전신, 텔렉스보다 편리하고 신뢰성이 높고 통신비가 저렴하기 때문에 그 이용이 증대되고 있다.

SWIFT 시스템은 회원은행들 간 자신의 욕구와 자신들의 최종고객의 욕구를 수익성 있게 충족시킬 수 있도록 하기 위해 회원은행을 통하여 모든 금융시장에 기술기반 통신서비스를 제공하고 있다.

SWIFT는 은행 간 전자메시지 시스템이며 회원은행만이 이용할 수 있는 서비스이다. 대부분의 신용장의 통지는 SWIFT를 이용하고 있다. SWIFT의 네트워크를 이용하게 되면 세계외국환은행 간 외화자금의 이체와 해외은행의 계정잔액 등의 업무가 용이하다.

(1) SWIFT System의 특징

SWIFT는 전략적 차원에서 아이덴트러스와 볼레로 등과의 제휴나 투자를 통해 제휴사나 대주주의 위치에서 그 영향력을 적극 확대해 나가고 있다. SWIFT는 아이덴트러스와 2000년 9월 스위프트의 메시징시스템과 아이덴트러스의 거래인증서비스 제공의 장점을 결합하는 전략적 상호제휴를 맺었다. 볼레로에는 직·간접적으로 투자를 통하는 방법을 사용했다.

1996년 무역거래 전산자동화를 위해 볼레로가 만든 TT Club과 합작투자 계약을 맺고 1998년 1월과 1999년 3월에 각각 미화 500만 달러씩 1000만 달러를 투자해 TT Club과 5 대 5의 비율로 대주주의 위치에 서게 됐다. 이로써 SWIFT는 국제 전자무역 및 국제 B2B 분야에 있어 은행 간 네트워크 시스템뿐만 아니라, 은행과 기업 간 네트워크 시스템에서도 결제와 인증을 결합한 무역결제서비스를 지원해 나가고 있다.

전 세계 많은 수의 금융기관들이 SWIFT 시스템을 이용하는 이유는 이 시스템을 이용하여 송신되는 메시지들은 안전하고, 정확하고, 빠르게 전달되기 때문이다. 특히 SWIFT는 송신자 식별, 메시지 포맷, 메시지 접수인식,

전송이나 저장 시 메시지 암호화를 통해 목적지까지 전송된다. 안전한 메시지 송신의 기반이 되는 보안체계의 특징은 다음과 같다.

첫째, 기밀성(Confidentiality)이다. SWIFT 시스템에서의 정보는 오로지 인가된 이용자에 의해서만 열람될 수 있다. 기밀성이란 지정된 수신자 이외의 사용자는 내용을 알아볼 수 없게 해 주는 기능을 말한다.

둘째, 무결성(Integrity)이다. 메시지의 송신자는 데이터가 원본이고 변경되지 않아야 신뢰할 수 있다. 무결점 기능은 전송되는 데이터에 대해 네트워크 중간에서 침입자의 고의적인 변경이나 하드웨어 문제로 인해 발생할 수 있는 변경을 감지할 수 있는 기능을 말한다.

셋째, 가용성(Availability)이다. SWIFT에 속해 있는 모든 정보와 시스템은 필요 시 언제나 접근이 가능해야 한다.

넷째, 가측성(Accountability)이다. 이는 SWIFT 시스템을 통해서 전송된 메시지에 문제가 발생할 경우 이에 대한 책임을 명확하게 정의하여 책임소재를 분명히 밝혀야 한다.

SWIFT는 중앙통제소(System Control Processor: SCP)와 부통제소(Slice Processor: SP), 지역통제소(SWIFT Access Point: SAP)로 나누어 운영되고 있다. SWIFT는 네덜란드와 미국 등 4곳의 중앙통제소를 설치하고 있으며 이 중 네덜란드의 중앙통제소만을 가동하고 나머지 3개소는 예비용으로 두고 있다.

4. Identruce System

1) Identruce

전자무역의 장점인 신속성과 경제성을 살리면서 신원확인에 필요한 인증수단의 확보와 거래과정에서 발생하는 금전적인 위험까지 회피하자는 취지에서 출범한 새로운 결제방식이다. 세계적인 금융기관이 설립한 보장부 인증시스템이라는 점에서 다른 전자결제시스템보다 진일보했다는 평가를 받고 있다.

Identruce는 기본적인 인증서의 발급 및 확인서비스 이외에 인증서 발급은 행이 인증서 보유회사를 보증(Warranty)하는 서비스를 제공한다. 또한 각국 변호사들이 검토, 작성한 운용규칙과 별도의 분쟁해결 절차를 가지고 국제 거래에서 분쟁 발생 시 용이하고 신속하게 분쟁을 해결할 수 있도록 지원하고 있다.

Eleanor Payment는 기존은행의 결제시스템을 글로벌 Payment 시스템으로 연계, 확장시킬 수 있는 기반을 제공하며 기본적으로 아이덴트러스 4 - Corner 모델의 프로세스 흐름에 따른다. 결제방식은 Payment Order를 사용하며 Condition 이행조건부 결제방법에 해당한다. 기금의 보호는 Payment Condition Option 및 은행의 보증을 통해서 하며 선적서류의 확인은 당사자가 Eleanor 시스템에서 확인하도록 되어 있다.

(1) Identruce System의 특징

현행 인증체제하에서 은행은 등록기관(RA) 기능을 담당하지만 Identruce 비즈니스 모델에서는 CA의 역할을 담당하는 것이 특징이다. 따라서 은행이 CA로서 인증서를 직접 발급, 갱신, 폐기 및 확인하며 자신이 발급하지 않은 인증서에 대해서는 타 CA 앞으로 확인을 요청할 수 있다. 또한 수입자은행에 의한 지급보증서비스도 제공하게 된다.

Identruce System은 각각의 은행결제시스템을 연결하는 뱅크 투 뱅크(Bank to Bank) 모델로서 전자수표(e - check), 전자결제(e - payment) 같은 결제수단을 포함하고 있다. XML 기반과 Bank to Bank 모델인 Eleanor Payment 시스템이 구현되면 SWIFT와 같이 기업 간 국제 결제 시 사용되던 표준전문을 사용할 필요 없이 기업 간(Buyer와 Seller)에 온라인 구매 또는 무역거래에 따른 온라인 결제가 가능해진다. 이 경우 결제여부를 은행이 아닌 기업이 따지게 되고 은행은 결제인프라를 제공하는 역할에 충실하게 된다.

Identruce는 4 - Corner Model을 특징으로 하고 있다. 4 - Corner Model은 두 기업이 거래를 하기 위해 은행에서 신용을 제공해 주고 또 두 은행에 대한 신용은 Identruce에서 보장해 주는 형태를 말한다. 이러한 일련의 과정에서 Identruce는 인증서 발행, 인증서 합법성 확인, 인증서 발행 과실에 대한 보상 및 암호화 이메일 서비스를 제공한다.

Identruce 레벨 1 회원사는 최상위인증기관(CA)을 잇는 상위 CA로 사실상 모든 개인과 기업, 고객을 대상으로 전자무역, B2B, 전자문서교환(EDI) 등 다양한 응용분야에 국가 간 인증서비스를 제공한다. 또한 밑단에 등록기관(RA)을 거느릴 수 있는 등 공개키기반구조(PKI)의 '허브' 역할을 담당하고 있다. Identruce의 결제기반인 엘레노의 경우에도 기본적으로 Identruce 4 - Corner Model의 프로세스 흐름에 따르고 있다.

Identruce 시스템은 전자상거래에 관한 글로벌 기반으로서 다음과 같은 특성을 지니고 있다. 첫째, 글로벌 도달성을 들 수 있다. Identruce는 세계 도처의 기업들 간 상거래를 가능케 해 주는 유일한 개방형 네트워크를 사용한다. 둘째, 간소함이다. 모든 B2B 활동은 디지털 ID로 처리되며 한 번 클릭으로 검색할 수 있는 기반의 프로세스이다. Identruce와 참여 금융기관들은 기업고객들이 디지털 서명의 모든 복잡성과 인증서의 유효성을 확인해야 하는 부담을 덜어준다.

셋째, 기술적 상호호환성의 측면이다. Identruce는 개방형 표준에 근거한 컴퓨터 명세를 제공하고 사용자들이 자신의 독특한 요구에 가장 적합한 기술을 선택할 수 있도록 해 준다.

넷째, 신뢰성이다. 상기에 기술한 모든 특징들은 비즈니스에서 가장 신뢰할 수 있는 제삼자인 금융기관들에 의해 감독된다.

5. SURF의 개념과 기능

1) SURF의 개념

Bolero.net의 SURF(Settlement Utility for Managing Risk and Finance)는

Bolero.net의 핵심메시징플랫폼(Core Messaging Platform: CMP)에서 제공되는 서비스를 이용하여 그 약정서상의 약정내용과 제시된 무역서류의 결제과정을 완전하게 자동적으로 점검하고 서류결제와 관련된 일련의 흐름을 관리하는 새로운 부가가치 서비스로서 전통적인 무역서류에서 이용되는 상업송장, 선하증권, 중량증명서 및 분석증명서 등과 같은 무역거래 관련 서류를 자동적으로 점검할 수 있다.

SURF는 기업이 물품의 수주와 발주에서 대금결제에 이르기까지 전 작업을 전자적인 환경에서 수행할 수 있도록 하는 시스템으로 참가은행과 거래기업은 이용수수료를 지불하고 제공정보를 인터넷상에서 공유하고 수출상과 수입상 간에 계약이 성립되면 계약서 작성에서 대금결제까지 통일된 순서에 따라 인터넷상에서 무역업무를 수행하는 표준화된 공유기반의 관리시스템이다. 현재 SURF를 통하여 결제할 수 있는 대금 결제 방법으로는 상호계정, 화환추심, 화환신용장 방식이 있다.

2) SURF의 특징

SURF는 수입거래의 종이서류 없는(Paperless) 무역, 선적서류처리의 자동화, 대금결제의 자동화 등을 목표로 SWIFT와 TT Club에 공동출자해 지난 1998년 4월 설비한 세계 최대 무역 관련 처리시스템인 볼레로닷넷이 최근 SURF를 개발, 인터넷을 통해 수출상과 수입상 간의 전자무역 서류의 교환을 관리하는 부가가치 서비스를 제공하고 있다.

SURF는 특히 선하증권거래 프로세스를 완벽하게 지원하고 있어 전 세계적으로 활용될 것으로 예측되었다. 이 시스템은 볼레로의 장점인 메시지 전송의 안정성, 사용자 및 전자서류의 신뢰성, 규약집(Rule Book)에 의한 책임한계의 법적 완비 등을 근거로 서류검증, 지급확약서의 발행, 하자사항의 처리 등의 업무를 자동화시킨 것이다. 즉 SURF는 볼레로 시스템하에서 구동되는 전자서류교환처리 및 관리 자동화처리 서비스 프로그램으로 무역거래의 업무흐름 관리, 거래당사자 상호간 합의 사항, 당사자 및 관계인의 실제

정보 저장과 제공, 선적서류의 자동교환 및 대금결제의 의무이행관리, 거래
당사자 계좌의 거래내역 확인 등 대상 정보제공, 무역서류 자동 확인 등의
특징을 가지고 있다.

3) SURF의 주요 기능

SURF의 주요 기능으로는 다음과 같다.
① 관계당사자 상호간의 약정서를 저장하기 위한 중앙데이터베이스 제공
② 자동화된 시스템으로 서류의 일치성 여부의 점검, 불일치 서류 취급의
　 편리성 제공
③ 대금결제의 이행여부에 대한 보고서의 작성 및 제공
④ 볼레로의 권리등록기관과의 인터페이스(Interface) 제공
⑤ 은행과 회사에 대한 기존 비즈니스 관계 구축 허용, 신뢰성 있는 안전
　 한 시스템 제공
⑥ 새로운 금융서비스의 기회 제공
⑦ SURF 회원들 간 결제를 이행하는 데 따른 B2B 지원
⑧ 거래의 투명성 제공
⑨ 매수인, 매도인, 은행 간 위험이전 단계의 다양화 지원
⑩ 완전 자동화된 빠르면서도 예측 가능한 무역결제시스템의 제공
⑪ B2B 거래와 기타 사적인 거래 지원

4) SURF의 운용과정

SURF는 무역결제과정에 있어서 모든 관계당사자 간 서류의 운용과정을
관리하고 SURF 약정서에 명시된 거래규칙에 근거하여 서류의 일치성 여부
를 점검한다. 그 주요 운용과정은 ① 수입상과 수출상 간의 SURF 약정서
체결, ② 은행의 지급 / 이행보증서 제공(제공약정 있는 경우), ③ 수출상의
무역서류 제시(요구된 대로 선하증권의 소지인(holder)을 SURF로 지정한다),
④ 서류의 일치성 여부 점검 및 그 불일치 보고서 발급(서류상 불일치가 있

는 경우), ⑤그 대금결제 조건이 이행되면 선하증권을 포함한 서류를 수입
상에게 인도 등의 거래절차로 종료된다.

이러한 과정은 관계당사자가 SURF의 데이터베이스에 저장된 SURF 약정
서에 의하여 관리된다. 그 SURF 약정서상에 약정된 대금결제 방법으로 대
금결제가 이행되며, 그 결제방법에 따라 각 관계당사자 간의 위험 정도가
결정된다.

5) SURF의 결제방법별 프로세스와 유용성

(1) SURF의 결제방법별 프로세스
① 신용장 방식
신용장은 그 조건과 일치하는 서류제시와 상환으로 수출상에게 대금을 지
급하겠다는 은행의 조건부 지급확약서를 의미하는데 은행은 대금지급에 대
한 책임을 부담하고 물품에 대한 권리를 통제할 수 있는 서류상의 통제권을
행사한다.

이 방법은 기존의 신용장과 같이 가장 안전한 결제방법으로 수출상에게
조건부 지급확약을 제공할 뿐만 아니라, 선적물품이 신용장의 조건과 일치
하여야 한다는 점에서 수입상의 권리를 보호한다. 이 방법에 의한 거래는 '전
자제시를 위한 신용장통일규칙의 부칙(Supplement to the Uniform Customs
and Practice for Documentary Credits for Electronic Presentation, Version 1.0:
eUCP)'을 준거문언으로 명시하는 경우, 본 규칙의 적용을 받는다.

② 추심방식
수출상은 물품을 선적하고 자신의 거래은행에 제시할 관련 서류를 준비한
다. 은행은 단지 서류를 취급하고 대금추심을 위한 선의의 중간관리자로 행
동하고 대금지급을 보장하지 않는다. 따라서 수출상은 전적으로 대금지급의
무를 이행하는 수입상을 신뢰하여야 한다. 다만 물품에 대한 권리서류가 대
금지급 또는 대금을 지급하겠다는 약정서와 교환으로 인도되기 때문에 수입
상에게 대금결제를 강제한다.

추심방법 중 D／P방식은 권리서류의 통제를 통하여 양 당사자에게 안전장치를 제공한다. 그러나 수입상이 대금결제를 하지 않는 경우에는 물품을 처리하는 과정에서 손해를 입을 수 있다. 그렇지만 수출상이 물품의 통제권을 유지하고 있기 때문에 상호계정(Open Account)에 의한 방법보다 위험이 적다. 모든 추심은 추심에 관한 통일규칙 제522호(URC Pub. 522)에 따른다.

③ 상호계정(Open Account)

이 방법은 수출상이 물품선적을 이행함과 더불어 권리서류를 포함한 선적서류를 발송하고 수입상으로부터 직접 대금을 회수한다. 이 거래는 상기의 다른 방법보다 안정성이 가장 낮다. 분쟁이 발생할 경우에는 이해관계가 있는 제삼자(은행)가 개입하지 않기 때문에, 수출상과 수입상 모두 적기에 물품선적과 대금지급에 대한 보장이 없다. 실제로 수출상은 수입국가와 수입상에 대한 대금회수 불능의 위험을 부담한다.

(2) SURF의 관계당사자별 주요 유용성

볼레로시스템은 중립적인 제삼자로서 범세계적인 무역체인을 통한 커뮤니티의 형성과 연결기반을 제공하며, 전자무역에 대한 범세계적인 법적 기반과 표준을 제공한 것으로 평가되었다. 그리고 비즈니스 과정의 추적과 감시가 가능한 안전한 메시징 시스템을 제공하고 권리등록기관을 포함한 전자선하증권에 의한 물품의 소유권이 이전될 수 있는 서비스 체제를 구축한 것으로 평가되고 있다.

SURF 운용상 관계당사자별 주요 유용성은 다음과 같다.

① 수출상
 - 은행의 지급확약을 포함한 대금회수불능 위험의 완화수단 제공
 - 서류점검을 포함한 신속한 서류처리의 과정으로 신속한 대금회수 가능
 - 결제방법 또는 이용된 매개수단에 관계없이 모든 거래의 완전한 감시, 추적 기능 제공
 - 표준화된 서류의 이용으로 인한 재작업 축소

- 서류내용상 분쟁으로 야기되는 지연 해소와 개별 무역거래의 완전한
  투명성 제고
- 직·간접 비용의 절감

② 수입상
- 완벽한 서류의 일치성 여부의 점검을 포함한 인도 위험의 완화수단이
  제공
- 무역거래의 통합으로 신속한 주문과 저비용의 재고관리 가능
- 물품의 인도 지연 해소
- 개별 무역거래의 투명성 제고
- 서류의 질 향상, 직·간접 비용의 절감

③ 은행
- 서류의 일치성 여부를 아웃소싱 하므로 고위험 완화 및 금융 핵심 업
  무에 대해 집중
- 자동화를 통한 운영비용 절감
- 서류의 수작업 처리과정과 관련된 운영위험 감소
- 완전한 서류점검시스템의 개발과 개선에 따른 비용 절감
- 고객서비스 향상
- 비은행권의 전자상거래의 주도위협으로부터 적극적인 대처 가능
- 은행에 백오피스시스템(Back - Office System)으로 무역서류의 통합 필요
  싱 제서
- 선지급 또는 상호계정과 같은 서비스 제공으로 시장규모 확대

제3절 전자무역결제의 문제점 및 방안

1. 전자무역결제의 문제점

1) 보안 및 인증

전자무역과 같이 비대면 거래라는 특징을 가진 전자무역결제에서 가장 고려해야 할 사항이 바로 보안과 인증의 문제이다. 서로 마주하지 않은 상황에서 서로에 대한 부족한 정보만으로 거래당사자와 전자무역결제서비스를 신뢰한다는 것은 대단히 어려운 일이고, 그 당사자와 전자무역결제서비스에 하자가 없다는 인증을 제3자 또는 제3의 기관을 통해서 검증한다는 것도 쉽지 않다.

전자무역결제상의 전자서명이나 암호화 기술이 해킹이나 불법 프로그램 등 제삼자에 의한 고의적 악행에 의해 무력화될 가능성도 있다. 그리고 전자무역결제시스템의 보안과 인증을 통한 신뢰성 확보 문제가 아직 미흡하고 전자무역결제시스템의 적용기술에 대한 국제적 표준의 부재와 실제 이용자 수가 일부에 편중되어 있기 때문에 전자무역결제시스템의 활발한 논의에 비해 그 실적은 아직 제한적이다.

2) 전자무역결제 관련 정책 및 법률의 미비

전자무역결제시스템은 거래당사자들로 하여금 기존의 방법과는 다른 전자적인 방법으로 비용과 시간의 불필요한 낭비를 줄여 주는 등의 많은 편리함과 이득을 주고 있지만, 전자무역결제와 관련된 당사자의 분쟁을 해결할 수 있는 법률체계가 미흡하여 강제적인 구속력을 강구할 수 있는 체제가 구축되어 있지 않다.

이러한 상황에서는 전자무역결제시스템에 대한 신뢰성과 법적 안정성은 당연히 저하될 것이므로 조속한 해결이 요구되고 있다.

3) 전자무역결제에 대한 인식 문제

대부분의 전자무역을 영위하고자 하는 중소기업들은 영세함을 벗어나지 못하고 있어, 전자무역결제 서비스를 이용하는 데 따른 비용 부담은 이용자의 입장에서는 전자무역 결제를 꺼리게 되어 전체적인 전자무역 시장을 위축시킬 우려가 있다.

전자무역결제서비스 제공업체들의 경우 다양한 전자결제서비스를 제공하지 못함으로써 다양한 고객들을 확보하는 데 제한적이기 때문에 서비스 확충을 도모하지 못하고 있다.

4) 표준화 문제

전자무역결제시스템이 활발하게 이루어지려면 서류의 심사기간을 단축시키는 등 업무 프로세스의 혁신과 전자문서 표준화가 필수적으로 선결되어야 한다. 하지만 아직까지 각 전자무역결제서비스 업체나 시스템마다 국가적인 표준에 입각하지 않고 고유의 양식을 사용하는 등 국제적으로 통일된 표준양식이 없기 때문에 전자무역결제서비스 간의 상호운용을 확보하지 못하고 있는 실정이다. 전자무역서비스업체도 다양한 결제서비스를 제공하는 데 한계가 있다.

5) 글로벌 연계의 문제

많은 전자무역결제시스템이 글로벌 서비스를 제공하기 위해 개발되고 확산되어 왔지만, 그 성과는 크게 낮은 실정이다. 각 시스템별로 연계를 통한 통합솔루션의 방안이 미흡하고, 전자무역결제서비스의 글로벌 이용을 확산하기 위한 국제간의 협조체제가 구축되지 않고 있기 때문에 전자무역결제서비스의 이용에 한계가 따르고 있다.

2. 전자무역결제시스템의 발전방안

1) 보안성과 인증의 제고를 위한 인증정책 수립과 신기술의 적용
2) 전자무역결제 관련 정책과 법률정비의 일괄 추진
3) 전자무역결제 업체 및 이용자의 인식 확립
4) 전자무역결제시스템의 표준화 확립
5) 글로벌 연계 및 국제간 협조체제 구축

요 약

전자무역결제서비스는 인터넷에 의해 거래되는 전자상거래의 기본이 되고 있다. 따라서 전자결제시스템의 개발은 전자상거래를 쉽게 그리고 빠르게 사용할 수 있게 됨에 따라 저변 확대로 이어져 전자결제서비스의 글로벌 발전을 촉진시킬 것이다.

전자결제의 목적은 물품이나 서비스에 대한 금전의 교환을 위한 도구를 제공하는 것이다. 전자상거래의 발전을 위해서는 교환 가능한 경제적 가치나 방법을 준비하는 것은 매우 중요하다. 전자결제시스템은 전자결제 거래를 처리하는 하드웨어나 소프트웨어 모두를 의미한다. 따라서 운영상에서 약점과 문제점, 결함이 발견되고 있기 때문에 계속적인 개발과 보완의 노력이 이루어져야 한다.

중요용어

전자무역결제시스템   대외무역법

유동성(Liquidity)   최종성(Finality)
거래위험(Transaction)   시스템 위험(System Risk)
Bolero System   SWIFT
Trade Card System   세계무역센터협회(WCTA)
SWIFT System   Identruce System
진정성(Authenticity)   무결성(Integrity)
부인방지(non – repudiation)   기밀성(Confidentiality)
선하증권   화환신용장
부가가치 서비스   기밀성(Confidentiality)
무결성(Integrity)   가용성(Availability)
가측성(Accountability)   Identruce System
뱅크 투 뱅크(Bank to Bank) 모델   4 – Corner Model
SURF   Core Messaging Platform
Back – Office System   통합솔루션

토론질문

1. 전자무역결제시스템이란 무엇인가?
2 전자무역결제시스템의 발전과정에 대해 설명해 보자.
3. 전자결제방식의 요건이 왜 중요한가에 대해 설명해 보자.
4. 전자무역결제시스템의 유형별 특징에 대해 비교 설명해 보자.
5. 전자무역결제시스템의 이점에는 어떤 것이 있는가?
6. 전자무역결제시스템의 유형별 장·단점에 대해 설명해 보자.
7. 전자무역결제시스템의 활성화를 증대시키기 위한 효과적인 방법을 개
   발하는 방법에는 어떤 것이 있는가?

참고문헌

강원진,『전자결제시스템』, 삼영사, 2001, p.33.

안병수, "국내외 전자무역의 현황 및 전망", 한국전자거래진흥원, 통권31호, 2001, p.27.

이성섭·송창석·이병문·신건훈, "글로벌 전자무역시스템으로서 볼레로의 도입에 따른 문제점 및 대응방안", 숭실대학교 아·태중소기업 기술정보협력센터, 2003, p.7.

이영수·권순국,『전자무역실무』, 문영사, 2005, pp.334－335.

전진선, "전자무역결제시스템의 문제점 및 활성화에 관한 연구", 숭실대학교 국제통상대학원 석사학위논문, 2006, p.23.

최석범, "글로벌전자무역에 관한 연구",「국제상학」, 제14권 제1호, 한국국제상학회, 1999. 5, pp.261－262.

채진익, "Trade Card 솔루션상의 금융공급체인 플렛폼에 관한 연구",「무역학회지」, 2004, p.409.

채진익,『최신전자무역』, 도서출판 두남, 2006, pp.376－377.

한국무역협회 사이버무역부,『사이버무역 국제동향과 성공전략』, 서울: 굿인포메이션, 2001, p.333.

Bolero Consortium, 'Bolero Final Report', 1995, p.175.

Jane Kaufman, "Cash of the Titan: Regulating the Competition between and Emerging Eletronic Payment System", Berkely Technology Lew Journal, Vol, Spring 1999, pp.678－682.

배상목

▍약 력

경기대학교 대학원 경영학박사
현) 혜전대학 무역유통마케팅과 교수
　　혜전대학 산학협력센터장
　　한국지역학회 이사
　　한국안보통상학회 이사
　　홍성군정 자문위원(2006~)
　　천안문화원 이사(2005~)
　　홍성군 자체평가위원(2008~)
　　법무부 범죄예방자원봉사위원(2009~)
　　한국농촌공사 농산업 및 기업지원을 위한 전문컨설턴트(2009~)

▍주요 논문 및 저서

「우리나라 항만의 e-port구현전략에 관한 연구」, 한국통상정보학회, 2002
「eUCP-전자적 제시를 위한 UCP500의 추록의 주요 내용에 관한 연구」, 한국산업기술학회, 2002
「환경 특성에 따른 전자무역 수용에 관한 연구」, 한국인터넷전자상거래학회, 2005
『최신경영학원론』, 명경사, 2005
『무역실무론』, 명경사, 2005

전용식

▍약 력

공주대학교 일반대학원 박사과정 수료
현) 혜전대학 무역유통마케팅과 강의교수
　　한국전자상거래학회 이사
　　홍성군 지역혁신협의회 위원
　　2009 홍성내포축제 평가위원
　　홍성전국내포가요제 사무국장
　　내포뉴스21 편집국장
우체국예금보험 대학(원)생 경제논문 공모전 최우수상(2006)
KT문화재단 논문공모전 장려상(2007)

▍주요 논문

「농촌지역 우체국서비스 만족수준과 관련 변인에 관한 연구」, 우정사업본부 논문공모전, 2006
「e-비지니스학과 교육과정에 관한 연구」, (사)한국전자상거래학회, 2006
「인터넷 이용자의 사이버범죄 인식 수준에 관한 연구」, (사)한국전자상거래학회, 2007
「정보화마을의 사회적자본이 주민참여에 미치는 영향」, (사)한국전자상거래학회, 2008
「조선후기 홍주지방의 장시 분포와 변동」, 춘계국제학술대회, 2009

E-COMMERCE

E-TRADE를 위한

전자결제론

초판인쇄 | 2009년 9월 30일
초판발행 | 2009년 9월 30일

지은이 | 전용식
펴낸이 | 채종준
펴낸곳 | 한국학술정보㈜
주　소 | 경기도 파주시 교하읍 문발리 파주출판문화정보산업단지 513-5
전　화 | 031) 908-3181(대표)
팩　스 | 031) 908-3189
홈페이지 | http://www.kstudy.com
E-mail | 출판사업부　publish@kstudy.com
등　록 | 제일산-115호(2000. 6. 19)

ISBN　978-89-268-0387-5 93320 (Paper Book)
　　　　978-89-268-0388-2 98320 (e-Book)

이담 Books 는 한국학술정보(주)의 지식실용서 브랜드입니다.